BrightRED Study Guide

CfE HIGHER

GERMAN

Susan Bremner

BrightRED PUBLISHING

First published in 2016 by:
Bright Red Publishing Ltd
1 Torphichen Street
Edinburgh
EH3 8HX

A CIP record for this book is available from the British Library.

ISBN 978-1-906736-85-9

With thanks to:
Ann-Katrin Klankert and Vincent Gabrin (audio recording)
PDQ Digital Media Solutions Ltd, Bungay (layout) and Anna Stevenson (copy-edit).

Cover design and series book design by Caleb Rutherford – e i d e t i c.

Acknowledgements
Every effort has been made to seek all copyright-holders. If any have been overlooked, then
Bright Red Publishing will be delighted to make the necessary arrangements.

Permission has been sought from all relevant copyright-holders. Bright Red Publishing are grateful for
the use of the following:

Images licenced by Ingram Image (pp 7–8, 10–11, 14–17, 19, 22, 27–28, 34, 38, 39, 43, 44, 53, 57, 61,
63–66, 68–69, 72–78, 80, 83); gpointstudio/iStock.com (p 6); Lucky Business/Shutterstock.com (p 9);
Sebastian Gauert/Shutterstock.com (p 12); Valua Vitaly/Shutterstock.com (p 13); Anatolii Babii/iStock.
com (p 18); CREATISTA/Shutterstock.com (p 20); Caleb Rutherford, e i d e t i c (p 21); violetkaipa/iStock.
com (p 23); NataliTerr/Shutterstock.com (p 24); SasPartout/Shutterstock.com (p 29); Tifonimages/
Dreamstime.com (p 30); monkeybusinessimages/iStock.com (p 31); tetmc/iStock.com (p 32); Zsuzsa
N.K./freeimages.com (p 33); Caleb Rutherford, e i d e t i c (p 34); michaeljung/iStock.com (p 36);
mjbs/iStock.com (p 37); 1000 Words/Shutterstock.com (p 40); gpointstudio/Shutterstock.com
(p 46); ferlistockphoto/iStock.com (p 48); OJO_images/iStock.com (p 49); Makhnach_S/Shutterstock.
com (p 50); Kovnir Andrii/Shutterstock.com (p 54); fpolat69/Shutterstock.com (p 55); Schuhplattler
Kids (Public Domain) (p 56); prolog84 (CC BY-SA 3.0)[1] (p 56); Manfred Werner – Tsui (CC BY-SA 3.0)[1]
(p 58); Roman_Gorielov/iStock.com (p 59); xavigm/iStock.com (p 60); Greg_Men (CC BY 2.0)[2] (p 62);
OakleyOriginals (CC BY 2.0)[2] (p 67); Andresr/Shutterstock.com (p 70); petrograd99/iStock.com (p 71);
Translation passages taken from the 2002 and 2003 CfE Higher German exam papers © Scottish
Qualifications Authority (n.b. solutions do not emanate from the SQA) (pp 60-61).

(CC BY-SA 3.0)[1] http://creativecommons.org/licenses/by-sa/3.0/
(CC BY 2.0)[2]   http://creativecommons.org/licenses/by/2.0/

Printed and bound in the UK.

CONTENTS

INTRODUCTION

INTRODUCING CFE HIGHER GERMAN

This guide will help you achieve success by taking you through the various challenges of the CfE Higher German course. The Higher course will continue to build on the foundations laid down in National 5. It might be a good idea to read over the National 5 German guide again to revise vocabulary and grammar points. Most of the topics in this guide have revision tasks online to allow you to test your knowledge before adding on the more advanced skills that you will need for Higher.

Before we start the Higher German journey, let's look at what the exam involves.

DON'T FORGET

The key to success at Higher is to be organised. You should get a folder just for this subject and divide it into sections, for example vocabulary, grammar, writing and so on.

UNIT ASSESSMENTS

You will be expected to pass unit assessments in the four skill areas of Reading, Listening, Talking and Writing before you sit the final course exam.

You will need to complete one assessment in each skill area (that is, one Reading, one Listening, one Talking and one Writing) in order to fulfil the two outcomes of each of the two units: Understanding Language and Using Language. You may complete the assessments on each individual skill or a combined assessment in which two of the above skills are assessed. Your teacher will let you know when you have to do the unit assessments and what is expected of you.

COURSE EXAM

The course assessment is graded A–D. It has two components:

Component 1 – two question papers

1 Reading and Directed Writing

2 Listening and Writing

Component 2 – Performance: Talking

Component 1, Paper 1

- **Section 1: Reading paper = 30 marks (30 per cent of the total mark)**

  You will read one written text from one of the four Contexts: Society, Learning, Employability or Culture, and answer questions in English.

  A maximum of 20 marks will be awarded for identifying the main points, supporting detail and overall purpose. The marks available for each question range from one to three. The penultimate question will require you to identify the overall purpose of the text. To answer this question, you must use your understanding of the text to work out the essential meaning. You must make an assertion and back it up with evidence from the text.

  There is a maximum of two marks available for reference to the text and detailed comment. One mark is given for reference to the text and basic comment. No marks will be given where the candidate shows little or no understanding of the overall purpose of the text.

contd

There are ten marks available for the translation. You must translate the underlined section of the text into English. The translation will be divided into five 'sense' units. For each sense unit, two, one or no marks will be awarded: two marks for full translation, one mark for partial translation and no marks for an unsuccessful attempt. You can use a dictionary for this.

- **Section 2: Directed Writing = ten marks (10 per cent of the total mark)**

In this section, you will produce a written text of 120–150 words using detailed and complex language. You can choose from two scenarios selected from two of the contexts not covered in the Reading or Listening sections.

For this task, you must address all four bullet points. The first bullet point contains two pieces of information to be addressed. The remaining three bullet points contain one piece of information each. The Directed Writing task will assess your ability to use appropriate past tenses and at least one other tense (such as the conditional or future). Again, you can use a dictionary.

Component 1, Paper 2

- **Section 1: Listening = 20 marks (20 per cent of the total mark)**

You will listen to one monologue and respond to questions worth eight marks. You will then listen to one short conversation with questions worth 12 marks.

- **Section 2: Writing = 10 marks (10 per cent of the total mark)**

You will write 120–150 words using detailed and complex language in response to a stimulus of two or three questions in German. You can use a dictionary here.

Component 2, Performance

- **Talking – 30 marks (30 per cent of the total mark)**

During your performance, you will deliver a spoken presentation and take part in a follow-up conversation. The presentation will be based on one of the four contexts, and the conversation must develop into at least one other context.

Your performance will be marked in terms of four aspects:

- content

- accuracy

- language resource

- interaction (conversation)

Ten marks will be awarded for the presentation and 20 for the conversation, of which a maximum of five marks are awarded for the ability to sustain a conversation.

HOW THIS BOOK CAN HELP

The aim of this book is to cover a wide range of topics to help you build up your knowledge of German vocabulary and grammar points. The book also discusses the different parts of the course exam and offers tips on how to gain a good mark as well as advice on how to study and prepare for the exams. It will complement the work done in class and will provide you with ideas and phrases to help you write your short essays and Directed Writing essay for your class teacher.

DON'T FORGET

The best way to study a language is in small sections. You cannot cram for Higher German. You should draw up a study plan and aim to spend ten minutes most evenings learning German vocabulary and grammar rules.

SOCIETY

FAMILY: RELATIONSHIPS AND ARGUMENTS — FAMILIE: BEZIEHUNGEN UND STREITE

The context of society covers lots of different topics. We will look at each topic in turn and show you how to develop your language skills, knowledge of vocabulary and grammar.

ONLINE

Try out the revision exercises at www.brightredbooks.net to refresh your memory of the key vocabulary in this topic from National 5.

DON'T FORGET

At Higher, you will be expected to use a range of phrases to discuss family relations.

DON'T FORGET

Remember that the word for 'my' changes depending on whether the noun is masculine, feminine, neuter or plural, and depending on what case is being used. After the prepositions *mit* and *zu*, we use the dative case.

GOOD OR BAD RELATIONSHIPS

This is a good opportunity to show off your knowledge of pronouns. You should remember from National 5 that pronouns replace the noun. In the following sentences, the noun is in the accusative case, and so the pronoun must also be an accusative.

Beispiel:

Ich liebe meinen Vater. Ich finde ihn lustig.
Ich mag meine Mutter. Ich finde sie sympathisch.
Ich mag meine Eltern nicht. Ich finde sie zu streng.

Below are some more complex phrases to convey that you have a good or bad relationship with someone.

Beispiel:

I (don't) get on well with ...
Ich komme (nicht) gut mit meinem Opa aus. (masculine word)
Ich verstehe mich (nicht) gut mit meiner Oma. (feminine word)

I (don't) have a good relationship with ...
Ich habe (k)eine gute Beziehung zu meinem Kind. (neuter word)
Ich habe (k)ein gutes Verhältnis zu meinen Geschwistern. (plural word)

ACTIVITY: TRANSLATION: POSITIVE OR NEGATIVE RELATIONSHIPS?

Here are some reasons why teenagers get on well or not with their parents. Write 'P' for a positive relationship or 'N' for a negative relationship beside each one. Then translate the sentences into English.

1. Meine Eltern haben die gleichen Interessen.
2. Meine Eltern erlauben mir nicht genug Freiheit.
3. Meine Eltern geben mir viel Taschengeld.
4. Meine Eltern haben Zeit für mich.
5. Meine Eltern haben altmodische Ideen.
6. Meine Eltern verstehen mich.
7. Meine Eltern kritisieren meine Freunde.
8. Ich kann meine Probleme mit meinen Eltern besprechen.

Now combine the positive and negative relationship phrases from above with a reason from the section below. You should link the two sentences using the subordinating conjunction *weil* = because. Remember that *weil* sends the main verb to the end of the sentence. Look at the example:

Beispiel:

Ich verstehe mich gut mit meinen Eltern, weil wir die gleichen Interessen haben.

contd

ACTIVITY: LISTENING: MIA'S FAMILY

Mia talks about her relationship with her mother and stepfather.

1   Why has Mia's relationship with her mother changed?   (1)
2   Give at least two examples of how their relationship has changed.   (2)
3   Mia goes on to discuss her relationship with her stepfather. Give at least three details. (3)

DON'T FORGET

A common question in the Talking assessment is whether you argue with your parents or not. *Gibt es oft Streit? Streitest du dich oft mit deinen Eltern?*

STREITE

ACTIVITY: WHAT DO YOU ARGUE ABOUT?

Write out the following sentences, and add in a time phrase (e.g. *manchmal, immer* or *selten*). *Sich streiten* is a reflexive verb and so the time phrases come after the reflexive pronoun (*uns* in the sentences below) and not the verb as is usually the case.

DON'T FORGET

It is good to use time phrases in Talking and Writing tasks: *Ich streite mich oft mit meinen Eltern.*

1   Wir streiten uns über meine Kleidung.
2   Wir streiten uns über die Hausarbeit.
3   Wir streiten uns über das Taschengeld.
4   Wir streiten uns über das Ausgehen.
5   Wir streiten uns über die Schulnoten.
6   Wir streiten uns über die Handykosten.
7   Wir streiten uns über mein Aussehen.
8   Wir streiten uns über mein Schulzeugnis.

Now translate the sentences into English.

ACTIVITY: READING: GRANDPARENTS

Read the passage below and answer the questions in English.

Oma und Opa – warum sie für Kinder so wichtig sind!

Kinder lieben Oma und Opa. Neben den Eltern spielen sie eine wichtige Rolle im Leben der Kleinen und werden oft zu besonderen Vertrauenspersonen – auch wenn sie nicht in der Nähe wohnen und nur zu Besuch kommen.

Großeltern sind einfach unersetzlich. Unermüdlich spielen sie mit ihren Enkeln, trösten sie, erzählen die spannendsten Geschichten. Sie stehen den Eltern zur Seite, betreuen die Kinder und geben manche Finanzspritze.

Die Großeltern können Zeit investieren

In etwa der Hälfte aller Familien kümmern sich die Großeltern um die Kinder, wenn Mama arbeitet – zumindest bis die Kleinen in den Kindergarten kommen. Oft ist es ausschließlich Oma und Opa zu verdanken, dass beide Eltern unbelastet arbeiten können oder Alleinerziehende in der Lage sind, ihren Lebensunterhalt

zu verdienen. Die Bereitwilligkeit der Großeltern, Zeit zu investieren, macht sie zu optimalen Babysittern.

Die großelterliche Geduld ist nahezu grenzenlos

„Nochmal vorlesen, nochmal spielen, nochmal erzählen" – Großeltern geben dem Drängen ihrer Enkel meistens gerne nach. Unbelastet von Alltagshektik und Termindruck gelingt es Großeltern, aus einer nahezu unerschöpflichen Quelle der Geduld zu schöpfen. Das macht sie für Kinder so wertvoll. Zu erleben, dass man ihre Bedürfnisse ernst nimmt, vermittelt ihnen Geborgenheit und Sicherheit. Dies ist ein Bonus für ihre gesamte Entwicklung.

Oma und Opa dürfen Kinder ruhig etwas verwöhnen. Mal länger aufbleiben, eine doppelte Portion Nachtisch schnabulieren, beim Aufräumen etwas schlampen. Bei Oma und Opa sind die Erziehungsregeln etwas lockerer.

1   Give at least three reasons why grandparents are irreplaceable.   (3)
2   Why are grandparents useful babysitters for parents?   (2)
3   Why are grandparents able to give so much of their time?   (1)
4   Why is time spent with grandparents so valuable to children? Give two details. (2)

THINGS TO DO AND THINK ABOUT

Write a short essay (120–150 words) about your relationship with your family.

Verstehst du dich gut mit deinen Eltern? Gibt es oft Streit? Hast du eine bessere Beziehung zu deinen Großeltern?

ONLINE TEST

Test yourself on this topic at www.brightredbooks.net

LIVING WITH PARENTS — BEI DEN ELTERN WOHNEN

In this section, you will learn to discuss the advantages and disadvantages of living at home, including talking about house rules and household chores.

ONLINE

Try out the revision activities in the Digital Zone to get some ideas on what to say about house rules and household chores.

DON'T FORGET

It is important to use modal verbs in your work. Make sure you revise them thoroughly.

SIND DEINE ELTERN STRENG? - ARE YOUR PARENTS STRICT?

Try to make use of qualifiers in your Talking and Writing tasks.

Beispiel:

Meine Eltern sind <u>echt</u> streng.

ACTIVITY: TRANSLATION

Translate the following sentences into English:

müssen – to have to	Ich muss bei der Hausarbeit helfen.
können – to be able to	Ich kann nie richtig bügeln.
wollen – to want	Ich will mehr Taschengeld.
sollen – to be supposed to	Ich soll mein Zimmer jeden Samstag aufräumen.
dürfen – to be allowed to	Ich darf meine Freunde einladen.
mögen – to like	Ich mag Abwaschen nicht.

ACTIVITY: MODAL VERBS

Complete the sentences by filling in the missing modal verb.

1 Ich _____ mein Zimmer aufräumen.
I must tidy my room.

2 Ich _____ allein in die Stadt gehen.
I am allowed to go to town on my own.

3 Ich _____ das Badezimmer putzen.
I am supposed to clean the bathroom.

4 Ich _____ meinen Vater nicht verstehen.
I can't understand my Dad.

5 Ich _____ das Elternhaus sobald wie möglich verlassen.
I want to leave my parental home as soon as possible.

6 Ich _____ das Leben im „Hotel Mama".
I like living at home.

You could improve your work even further by using a *wenn* clause, for example to discuss the consequences of not helping out in the house. Here you will end up with a verb, comma, verb situation.

Beispiel:

Wenn ich nicht im Haus <u>helfe</u>, <u>bekomme</u> ich kein Taschengeld.
If I don't help in the house, I don't get pocket money.
Wenn ich mein Zimmer nicht <u>aufräume</u>, <u>darf</u> ich nicht mit meinen Freunden ausgehen.
If I don't tidy my room, I am not allowed to go out with my friends.

contd

 **ACTIVITY** READING: LIVING AT HOME

Read the passage below and answer the questions in English.

Hotel Mama

Derzeit leben in Deutschland etwa zwei Drittel der Jugendlichen im Alter zwischen 21 und 27 Jahren noch bei ihren Eltern. Der Trend zum längeren Verweilen im Elternhaus hat sich in den letzten Jahren verstärkt. Die Gründe dafür sind vielfältig: Bequemlichkeit, längere Ausbildungszeiten, Geldmangel und eine liberale Erziehung. Wissenschaftler sprechen von dem „Nesthocker"-Phänomen.

In den 1960er- und 1970er-Jahren war es normal, so früh wie möglich von zu Hause auszuziehen. Viele junge Leute verließen ihr Elternhaus, um in eigenen Wohnungen oder in Wohngemeinschaften zu leben.

Heutzutage sind Eltern und Kinder wie Partner geworden. Dialog und Diskussion sind zentrale Elemente des familiären Alltags. Wissenschaftler sehen hier den Ursprung des „Nesthocker"-Syndroms. Die Kinder müssen immer seltener vor autoritärer Erziehung flüchten – und können genauso gut zu Hause wohnen bleiben. Die Nachteile dieser engen Eltern-Kind-Bindung liegen. „Nesthockern" fällt es schwer, selbstständig zu werden. Wer in einer behüteten und bequemen Wohnsituation verweilt, muss sich nicht den Anforderungen des realen Lebens stellen: Geld für den Lebensunterhalt verdienen, einen eigenen Haushalt führen, wirtschaften können.

1 How many young people between the ages of 21 and 27 still live at home? (1)
2 What are some of the main reasons for this situation? Give two details. (2)
3 What did young people tend to do in the 1960s and 70s? (1)
4 How are parent–child relationships different nowadays? (1)
5 What are some of the disadvantages of staying at home? Give three details. (3)

➕ DON'T FORGET

You are likely to find quite a few examples of the perfect (past) tense in the Reading exam paper. Take a few minutes to read over the note about the perfect and imperfect tenses in the Grammar section.

 **ACTIVITY** READING: BEI DEN ELTERN WOHNEN ODER EINE WOHNUNG MIETEN? – LIVING WITH PARENTS OR RENTING A FLAT?

Read the statements below, then write the relevant numbers in the grid under the correct heading. Then translate the sentences into English.

Bei den Eltern wohnen		Eine Wohnung mieten	
Für	Gegen	Für	Gegen

1 Man entwickelt Selbstvertrauen. Es ist ein gutes Gefühl, nicht mehr von den Eltern abhängig zu sein.
2 Man hat mehr Freiheit. Man kann das Elternhaus nicht wie ein Hotel behandeln.
3 Es kann teuer sein. Man muss vielleicht einen Nebenjob suchen.
4 Es ist wichtig zu lernen, auf eigenen Füßen zu stehen.
5 Die ständige Kontrolle nervt.

6 Man bekommt mehr Verantwortung.
7 Man fühlt sich nicht so allein. Man ist immer in Gesellschaft.
8 Ich habe weniger Pflichten. Ich kann mich besser auf das Studium konzentrieren.
9 Man lernt, mit Geld umzugehen, zum Beispiel mit Miete und Nebenkosten.

10 Man muss die Hausarbeit selbst machen: Kochen, Wäsche waschen, Bügeln usw.
11 Man wird erst erwachsen, wenn man sich um sich selbst kümmert.
12 Es ist kostengünstig. Man muss oft kein Geld für Miete und Nebenkosten bezahlen.

 LISTENING LIVING WITH PARENTS

Give five advantages and five disadvantages of living at home.

 THINGS TO DO AND THINK ABOUT

Now write a short essay (120–150 words) on house rules, house chores and living with parents. Remember to get some ideas from the listening transcripts.

Sind deine Eltern streng? Musst du im Haus helfen? Wohnst du gern bei deinen Eltern?

✓ ONLINE TEST

Head to www.brightredbooks.net to test yourself on this topic.

FAMILY MODELS — FAMILIENMODELLE

In this section, we will look at the different types of family that exist in our society.

KEY VOCABULARY

Here are some important words to get you started on the topic of families.

die Kernfamilie	nuclear family
die Großfamilie	extended family
die Stieffamilie	step-family
die Patchworkfamilie	blended family
die Ein-Eltern-Familie	single-parent family
die alleinerziehende Mutter	single mother
der alleinerziehende Vater	single father

ACTIVITY: FAMILY MODELS

Read the definitions below and decide which family model is being described.

die Großfamilie	die Ein-Eltern-Familie	die Kernfamilie	die Patchworkfamilie

1 Mütter oder Väter, die ledig, verwitwet oder geschieden sind und mit ihrem Kind oder ihren Kindern zusammenleben.

2 Diese Familie besteht aus einer Gruppe von mehreren Generationen verwandten Personen, die unter einem Dach wohnen.

3 Diese Familie besteht aus einer Mutter und einem Vater sowie ihren gemeinsamen leiblichen Kindern, die in einem Haushalt zusammenleben.

4 Eine Familie, bei der mindestens ein Elternteil ein Kind aus einer frühern Beziehung in die neue Familie mitgebracht hat.

ACTIVITY: NEW FAMILY MODELS

Read the passage below, then answer the questions in English.

Patchworkfamilien

Die normale Kleinfamilie, bestehend aus Mama, Papa, Kind ist heute nicht mehr die Norm. Etwa 7–13 Prozent deutscher Familien leben heute als Patchworkfamilien zusammen. Patchworkfamilie ist ein neuer Name für eine Familienform, die es schon sehr lange gibt. Doch während der typische Ausgangspunkt für eine Stieffamilie meist die Verwitwung eines Elternteiles war, steht am Beginn der modernen Patchworkfamilie in der Regel eine Scheidung.

Es gibt so viele Varianten. Entweder bringt eine Mutter oder ein Vater ihre Kinder in die neue Beziehung oder die Kinder von beiden Elternteilen leben in der Familie.

Patchworkfamilien haben eine Reihe von Herausforderungen zu bewältigen, die die traditionelle Familie nicht betreffen – und zwar von Anfang an. Denn am Beginn der Patchworkfamilie steht immer eine Trennung oder der Tod eines Elternteiles und damit eine Erfahrung, die für jedes Kind traumatisch ist.

Die Position des Kindes verändert sich in einer Patchworkfamilie. War es vorher Einzelkind, muss es nun plötzlich vieles mit den neuen Geschwistern teilen. Das Kind muss die Erfahrung machen, dass alle Kinder in der Patchworkfamilie gleich wichtig sind und dass keines von einem Elternteil bevorzugt wird.

Eine weitere Herausforderung für das Zusammenleben der Patchworkfamilie entsteht, wenn das neue Paar ein gemeinsames Baby bekommt. Es ist nicht leicht für ein Kind zu verstehen, dass ein neues Geschwisterchen kommt, mit dem es die Liebe der Eltern plötzlich teilen muss.

Patchworkfamilien sind oft bunter, vielfältiger und lebendiger als traditionelle Familienverbünde. Kinder in Patchworkfamilien lernen mit vielen verschiedenen Personen zu interagieren und sind daher sozial kompetent. Außerdem zeigen sie sich toleranter als ihre Altersgenossen.

contd

1   According to the text, what is the main difference between a step-family and a blended family? (2)

2   What various forms can a blended family take? (3)

3   What does an only child have to learn when becoming part of a blended family? (2)

4   What other challenge might the child need to face? (1)

5   What are the qualities of a blended family? (3)

6   How do children benefit from being in a blended family? (3)

You should try to make use of adjectival endings in your Writing and Talking tasks.

Beispiel:

Ich habe einen frech<u>en</u> Bruder. (m)   Ich habe ein faul<u>es</u> Kind. (nt)
Ich habe eine lebhaft<u>e</u> Schwester. (f)   Ich habe tolerant<u>e</u> Eltern. (plural)

ACTIVITY: LISTENING: DIVORCE

Listen to Florian and Christina talking about their experiences of divorce at www.brightredbooks.net, then answer the following questions in English.

Florian

1   When did Florian's parents get divorced? (1)

2   How does he describe his dad? (2)

3   Why does he feel this way? (1)

4   Why did the divorce cause problems for his mum? (2)

5   Florian says that his mum is very fearful because he is an only child. What examples does he give to show this? (2)

Christina

1   Why does Christina think that her parents were right to get divorced? (1)

2   Why does she get on well with her stepdad? (2)

3   Why can there sometimes be problems in the step-family? (1)

IMPROVING YOUR WRITING SKILLS

This is a good topic in which to use some language relating to numbers, amounts and quantities.

Beispiel:

Es gibt <u>immer mehr</u> Patchworkfamilien. OR
Patchworkfamilien werden immer häufiger.
There are <u>more and more</u> blended families.
Die Zahl von Ein-Eltern-Familien <u>nimmt zu</u>.
*The number of single-parent families
is increasing.*
Die Zahl von Kernfamilien <u>nimmt ab</u>.
The number of nuclear families <u>is decreasing</u>.

<u>Die Hälfte</u> von Familien heutzutage
sind Stieffamilien.
<u>Half</u> of families nowadays are step families.
<u>Ein Drittel</u> von Familien in unserer Gesellschaft
sind Kernfamilien.
*<u>A third</u> of families in our society are
nuclear families.*

ONLINE

Head to www.brightredbooks.net for another reading task on this topic.

ONLINE TEST

Test your vocabulary on the topic of family models at www.brightredbooks.net

THINGS TO DO AND THINK ABOUT

Using the knowledge you have gained in this section, answer the following questions to form a short essay in German of 120–150 words.

Existiert die traditionelle Familie noch heutzutage? Oder gibt es verschiedene Familienmodelle? In was für einer Familie wohnst du? Spielt deine Familie eine wichtige Rolle in deinem Leben?

FRIENDS — FREUNDE

In this section, we will look at what makes a good friend as well as why some friends turn to bullying.

 ACTIVITY WHAT MAKES A GOOD FRIEND?

In the German magazine *Bravo*, you come across a questionnaire about friendship and what makes a good friend.

You have to rate each of the statements as follows:

1 = sehr wichtig   2 = ganz wichtig   3 = nicht wichtig

How would you rate each of these statements about friends?

Freunde – Umfrage

- Ich kann mich auf ihn/sie verlassen.
- Er/sie ist immer für mich da.
- Wir haben die gleichen Interessen.
- Er/sie hat einen Sinn für Humor.
- Ich kann alles mit ihm/ihr besprechen.
- Ich kann meine Sorgen mit ihm/ihr teilen.
- Er/sie gibt gute Ratschläge.

- Er/sie ist verständnisvoll und kritisiert nicht.
- Er/sie ist vertrauenswürdig und hilfsbereit.
- Er/sie redet nie über mich hinter meinem Rücken.
- Er/sie akzeptiert mich, wie ich bin.
- Er/sie kann mich aufmuntern, wenn ich traurig bin.

Translate the sentences into English.

 ACTIVITY LISTENING: FRIENDSHIP

Emma talks about friendship. Listen to the text and then answer the questions in English.

1 Where does Emma have friends? Give two details.   (2)
2 How long has she known her best friend Tina?   (1)
3 Mention at least three positive comments made about Tina.   (3)
4 What does Emma look for in a good friend? Give at least two details.   (2)

ACTIVITY READING: FRIENDSHIP

Read the passage below, then answer the questions in English.

Freundschaft ist gesund

Am 30. Juli feiert man den „Internationalen Tag der Freundschaft". An diesem Tag denkt man an die Freundschaft zwischen Personen, Ländern und Kulturen. Eine Organisation in Paraguay hat den Tag der Freundschaft ins Leben gerufen und seit 2011 gibt es ihn ganz offiziell überall, da die Organisation Vereinter Nationen ihn in ihre Liste der Welttage aufgenommen haben.

An diesem Tag geht es um Freunde. Viele schenken sich kleine Aufmerksamkeiten oder versuchen, einander eine Freude zu bereiten. Doch was macht eigentlich einen guten Freund aus? Auch wenn sich all die Kulturen auf der ganzen Welt sehr unterscheiden, sind Freunde doch immer etwas ziemlich Ähnliches: Nämlich ein Mensch, mit dem man alles zusammen machen und über alles reden kann und der immer da ist.

Freunde sind wichtig. Das wissen schon die Kleinsten und suchen sich – ganz intuitiv – ihre Lieblingsspielkameraden aus. Man schließt die ersten Freundschaften im Kindergartenalter, also etwa mit drei Jahren. Ein wesentlicher Unterschied zwischen Familienbeziehungen und Freundschaften ist, dass Freundschaften auf freiwilliger Basis beruhen. Eltern oder Geschwister kann man sich nicht aussuchen.

Psychologen und Soziologen haben sich ausführlich mit dem Thema Freundschaft beschäftigt und meinen, wer Freunde hat, ist glücklicher. Freunde tun gut, denn wer es schafft, gute Beziehungen aufzubauen, steigert damit sein Wohlbefinden. Wer funktionierende soziale Beziehungen hat, ist zufriedener und gesünder als Menschen, die isoliert leben. So verringert sich etwa das Risiko für Herz-Kreislauf-Erkrankungen und Depressionen.

Wer gute Freunde hat, scheint auch einen anderen Blick auf das Leben zu haben. Mit vertrauten Menschen an der Seite werden Probleme weniger bedrohlich. Außerdem hat man an Tagen, an denen man Freunde trifft, ein höheres Selbstwertgefühl.

Freundschaften geben dem Leben einen Sinn. Das Gefühl, nicht allein auf der Welt zu sein, hilft nicht nur in schweren Zeiten, sondern auch dabei, den Alltag zu bewältigen. Außerdem ist es ein gutes Gefühl, für einen anderen Menschen eine wichtige Rolle zu spielen. Nicht zuletzt helfen Freunde bei vielen Entscheidungen. Und es tut gut, mit einem engen Vertrauten über Probleme zu sprechen.

ONLINE

Head to www.brightredbooks.net to revise the topic of friends.

DON'T FORGET

Remember to look out for cognates – words that look like English words.

1   What is celebrated on 30 July each year?   (1)
2   How do some people celebrate this day?   (2)
3   According to the article, what makes a good friend? Give two examples.   (2)
4   When do most people start their first friendship?   (1)
5   What is the main difference between family and friends?   (2)
6   In what ways can friendship lead to improved health?   (2)
7   Give at least four other benefits of friendship.   (4)

BULLYING – MOBBING

Key vocabulary

Here are some important words to get you started on the topic of bullying. You should develop your vocabulary even further by looking up in the dictionary any words in the reading text you don't know.

das Mobbing	bullying
der Mobber	bully
der Gruppenzwang	peer pressure
die Clique	group of friends (the crowd)
das Opfer	victim
der Täter	perpetrator
die Gewalt	violence
das Gerücht	rumour
hänseln	to tease
jemanden fertigmachen	to drive someone crazy/to get someone down
schlagen	to hit
schikanieren	to bully

 ACTIVITY LISTENING: BULLYING

Listen to the text and then answer the questions in English.

1   Tim moved house last year. Why was it a difficult time for him?   (3)
2   Why does he think that his new classmates excluded him?   (2)
3   What form did the bullying take? Give two details.   (2)
4   What finally forced Tim to go to see the class teacher?   (2)
5   What does Tim finally say about bullying? Give two details.   (2)

 ONLINE

For a reading task about bullying, head to www.brightredbooks.net

 THINGS TO DO AND THINK ABOUT

Use the language you have learned in this section to prepare a short essay (120–150 words) that answers the following questions.

Hast du viele Freunde? Wie ist ein guter Freund/eine gute Freundin? Ist Gruppenzwang manchmal ein Problem?

Remember to make use of opinion phrases:
Meiner Meinung nach ist ein guter Freund treu.   In my opinion ...
Ich denke, dass ein guter Freund treu ist.   I think that ...
Ich glaube, dass ein guter Freund treu ist.   I believe that ...

 ONLINE TEST

Head to www.brightredbooks.net to test yourself on the topic of friendship.

MARRIAGE AND PARTNERSHIP — EHE UND PARTNERSCHAFT

In this section, you will learn to talk about the pros and cons of marriage and living together.

KEY VOCABULARY

Here are some important words to get you started on the topic of marriage and partnership.

Ich bin verheiratet	I am married
das Ehepaar	married couple
die Ehe	marriage
die Heirat	marriage/wedding
die Hochzeit	wedding
die Eheschließung	wedding/marriage ceremony
das Standesamt	registry office
der Trauschein	marriage certificate
die gleichgeschlechtliche Ehe	same-sex marriage
die Partnerschaft	partnership
der Lebensgefährte/die Lebensgefährtin	partner
sich scheiden lassen	to get divorced
die Scheidung	divorce

 ACTIVITY MARRIAGE: FÜR ODER GEGEN?

Are these people for or against marriage? Write *für* or *gegen* beside each sentence:

1 Die Ehe bedeutet die wahre Liebe.

2 Ich glaube nicht, dass man eine Person sein ganzes Leben lieben kann.

3 Eine Hochzeit kostet so viel Geld. Sie ist eine Geldverschwendung.

4 Eine Ehe hat mehr Dauerhaftigkeit.

5 „Auf immer und ewig" ist unrealistisch.

6 Ein Trauschein bietet keine Sicherheit.

7 Es gibt eine Menge steuerliche Vorteile, wenn man verheiratet ist.

8 Die Ehe zeigt eine Verpflichtung für das Leben.

9 Viele Leute heiraten zu jung. Sie überlegen nicht, welche Verantwortung das mit sich bringt.

10 Die Ehe bietet mehr Sicherheit, besonders für die Kinder.

Translate the sentences into English.

In the Reading paper, there are two types of task. To answer the Reading questions, you should find the correct section in the German text then summarise the main ideas in your own words. In the final question – the translation question – a more detailed analysis of the language used is required; it is a word-for-word study of the text. You will practise both these types of task in the next two exercises.

contd

ACTIVITY: READING: MARRIAGE

Task A: Developing your summarising skills

Your task is to summarise in your own words the most popular German traditions before and during a wedding. It is important that you include as much detail as possible.

In Deutschland gibt es eine ganze Reihe an Hochzeitsbräuchen, die immer wieder gerne von Brautpersonen und Gästen aufgegriffen werden.

Vor der Hochzeit

Der Polterabend

Einer der ältesten und bekanntesten Hochzeitsbräuche ist der Polterabend. Gemeinsam mit Verwandten, Freunden und Kollegen kommt das zukünftige Brautpaar, traditionell am Abend vor der Hochzeit, feierlich zusammen. Dabei wird mitgebrachtes altes Geschirr und Porzellan zerschlagen. Der Lärm soll böse Geister vertreiben und die Scherben bringen dem Paar Glück.

Cent im Brautschuh

Der Cent im Brautschuh hält die Ehe frei von Geldsorgen. Da dieser Brauch schnell unangenehme Blasen verursachen kann, kleben Bräute das Geldstück häufig von außen an den Schuh oder nähen es in den Kleidersaum ein.

Während der Hochzeit

Die Hochzeitskerze

Aus dem Mittelalter stammt der Brauch der Hochzeitskerze, welche die Liebe des Brautpaares zueinander widerspiegeln soll. Traditionell trägt die Braut oder die Blumenkinder die Kerze zur Trauung. Nach der Hochzeit ist es Brauch, dass das Brautpaar die Hochzeitskerze in der Wohnung aufstellt. In schwierigen Zeiten soll die Kerze an die gegenseitige Liebe erinnern.

Task B: Developing your translation skills

Translate the following text into English.

Seit Anfang der neunziger Jahre nimmt die Zahl der Eheschließungen in Deutschland kontinuierlich ab. Die Zahl der Singles nimmt zu und macht in deutschen Großstädten wie Berlin und München schon fast die Hälfte aller Haushalte aus. Viele Menschen wollen beruflichen Aufstieg und ihre kostspieligen Freizeitbeschäftigungen nicht aufgeben.

 ACTIVITY: LISTENING: FOR AND AGAINST MARRIAGE

Listen to what the three German people (Frau Hillert, Max and Julia) have to say about marriage, and make notes in English. You might find it useful to develop your own style of shorthand so that you can get more information down on paper.

 ## THINGS TO DO AND THINK ABOUT

It is good to use discursive language in your short essay.

auf der einen Seite	on the one hand
auf der anderen Seite	on the other hand

Beispiel:

<u>Auf der einen Seite</u> gibt es eine Menge steuerliche Vorteile, wenn man verheiratet ist.
<u>Auf der anderen Seite</u> bietet ein Trauschein keine Sicherheit.

Now answer these questions to form a short essay:

Bist du für oder gegen die Ehe? Möchtest du eines Tages heiraten? Spielt die Ehe noch eine wichtige Rolle in der Gesellschaft?

 DON'T FORGET

Remember, when you are using the dictionary to look up a word, that most German words have more than one English meaning. Don't just use the first translation you find!

ONLINE

Head to www.brightredbooks.net to explore this topic further.

 ONLINE TEST

Test yourself on this topic at www.brightredbooks.net

FREE TIME — FREIZEIT

In this section, you will revise how to talk about what you do in your free time as well as learn which hobbies are popular in Germany.

KEY VOCABULARY

Here are some important words to get you started on the topic of free time.

die Freizeitgestaltung	leisure activities
die Leidenschaft	passion
das Interesse	interest
die Freizeitbeschäftigung	free time activity
Spaß haben	to have fun
viel unternehmen	to do lots
die Unterhaltung	entertainment

⚙ ACTIVITY: THE IMPORTANCE OF FREE TIME

„Meine Freizeit spielt eine wichtige Rolle in meinem Leben"

Read the following sentences in which people explain why their free time is so important to them. Translate the sentences into English.

1 Ich will mich ausruhen.
2 Ich möchte mich entspannen.
3 Ich muss abschalten.
4 Ich will meine Sorgen vergessen.
5 Ich möchte dem Alltag entfliehen.
6 Ich möchte Ausgewogenheit finden.
7 Ich möchte in Kontakt mit Freunden bleiben.
8 Ich will Ausflüge machen und etwas Neues entdecken.
9 Ich möchte Sport treiben und gesund bleiben.
10 Ich will positive Gedanken entwickeln.

Here are some tips for improving your writing and talking skills on this topic.

You need to be able to use detailed and complex language. Here are some examples.

> **Beispiel:**
> Ich versuche meine Freizeit auszunutzen.
> *I try to make use of my free time.*
> Es ist wichtig, Gleichgewicht zwischen Freizeit und Schularbeit zu halten.
> *It is important to keep a balance between free time and school work.*
> Ich widme Sport/Lesen/Musik viel Zeit.
> *I devote a lot of time to sport/reading/music.*
> Ich verbringe viel Zeit mit Lesen.
> *I spend a lot of time reading.*

You also need to be able to demonstrate a range of grammar points.

You could use an *um ... zu* (in order to ...) structure.

Note that there is always a comma before *um*, and that *zu* goes before the infinitive at the end of the sentence.

> **Beispiel:**
> Ich gehe schwimmen, <u>um</u> mich <u>zu</u> entspannen.
> *I go swimming in order to relax.*
> Ich spiele Federball, <u>um</u> meine Sorgen <u>zu</u> vergessen.
> *I play badminton in order to forget my worries.*
> Ich gehe mit meinen Freunden ins Kino, <u>um</u> gesellig <u>zu</u> sein.
> *I go to the cinema with my friends in order to be sociable.*

DON'T FORGET

Remember that
ich will = I want to, and
ich werde = I will
(future tense).

ONLINE

Go to the online exercises at www.brightredbooks.net to revise phrases relating to free time and word-order rules.

contd

You could also use a *wenn* clause. You will end up with a verb, comma, verb situation.

Beispiel:

Wenn ich Zeit habe, mache ich eine Radtour.   *When I have time, I go on a bike trip.*
Wenn ich Geld habe, gehe ich in die Oper.   *When I have the money, I go to the opera.*

 ACTIVITY: READING: COLOURING-IN FOR ADULTS

Kritzeln für Erwachsene

Malbücher für Erwachsene erleben derzeit einen Boom, da sie die Entspannung fördern. Gezielte Stressbewältigung wird immer wichtiger in Beruf und Alltag.

Begonnen hat der Trend in Frankreich, setzte sich in Großbritannien und Spanien fort und erobert nun auch Deutschland.

Während eines Telefonats oder Meetings kritzeln wir nebenbei und entwerfen phantasievolle Gebilde. Das geschieht jedoch nicht aus Langeweile oder Unterforderung. Das sogenannte „Doodlen" dient der besseren Informationsaufnahme. Tatsächlich steigert Kritzeln die Aufmerksamkeit um über ein Drittel.

Das Ausmalen mit Farben fördert die Konzentration und erleichtert die Problemlösung. Der Geist kommt zur Ruhe und wird auf positive Gedanken gelenkt. So können Malbücher bei Stress, Schlafstörungen und Depressionen helfen. Besonders im Berufsleben ist dies wichtig, um Erfolgsdruck zu mindern und Burnout vorzubeugen.

1 Why have colouring-in books become so popular? Give two details.	(2)
2 What often happens during phone calls or meetings? Give two details.	(2)
3 What are the advantages of 'doodling'? Give two details.	(2)
4 Colouring-in can have many positive effects. Give three examples.	(3)
5 How can it help in your working life?	(2)

 ACTIVITY: LISTENING: DIE DEUTSCHEN UND IHRE FREIZEIT

Ausschlafen oder lieber im Internet surfen? Eine Stiftung ermittelt jedes Jahr, was die Deutschen mit ihrer Freizeit anfangen.

Try to guess how the survey ranked the following free time activities in order of popularity. Look up in the dictionary any words you do not know. Write the correct number (1–10) next to each one.

- im Internet surfen
- mit Familie oder Freunden über wichtige Dinge reden
- unterwegs telefonieren
- Ausschlafen
- Fernsehen
- Zuhause telefonieren
- sich Gedanken machen
- Radio hören
- Zeitung oder Zeitschrift lesen
- Zeit mit dem Partner verbringen

Now listen to the results and see if you have given the correct order. You should also write down the percentage of votes for each hobby.

 THINGS TO DO AND THINK ABOUT

Now write a short essay (120–150 words) to develop your ideas on this topic.

Was machst du in deiner Freizeit? Hast du eine Lieblingsbeschäftigung? Was machst du, um dich zu entspannen?

 ONLINE TEST

Test yourself on this topic at www.brightredbooks.net

TECHNOLOGY — TECHNOLOGIE

In this section, you will learn to talk about the uses of computers and the dangers of the internet.

ONLINE

Test your knowledge of computer vocabulary by completing the online revision exercise.

ACTIVITY: 15 USES OF THE INTERNET

Below are listed 15 uses of the internet. Copy out the sentences below, completing each one with the correct verb from the box.

1 Ich _____ Informationen.

2 Ich _____ mich in Foren aus.

3 Ich _____ Bankgeschäfte.

4 Ich _____ die Nachrichten an.

5 Ich _____ Webseiten.

6 Ich _____ Emails.

7 Ich _____ Fotos.

8 Ich _____ Sachen auf Ebay.

9 Ich _____ Computerspiele.

10 Ich _____ mit Freunden online.

11 Ich _____ Musik und Filme herunter.

12 Ich _____ lustige Videos an.

13 Ich _____ im Internet.

14 Ich _____ soziale Netzwerke.

15 Ich _____ Chatrooms.

spiele	benutze	teile	gucke	lade
suche	schreibe	mache	besuche	schaue
surfe	verkaufe	gestalte	tausche	chatte

ACTIVITY: LISTENING: TEENAGERS AND COMPUTER USE

Make notes under the following headings:

Time spent on the computer by teenagers

Common computer-related activities

contd

ACTIVITY: READING: THE DANGERS OF THE VIRTUAL WORLD

Immer mehr Kinder und Jugendliche bewegen sich in sozialen Netzwerken im Internet, um Leute kennenzulernen und sich auszutauschen. Das nutzen manche User aus, um in der Anonymität des Internets mit bedenklichen Absichten an junge Nutzer heranzutreten.

Natürlich macht es Spaß, Leute von überall her kennenzulernen und sich mit Gleichgesinnten zu unterhalten. Ob man sich über seine Lieblingsserie im Fernsehen austauscht oder vielleicht Tipps zur Haustierhaltung austauscht – das Internet bietet fast für jeden die richtige Community. Es können so mitunter auch echte Freundschaften mit Leuten entstehen, die man sonst nie kennengelernt hätte. Logisch, dass das die Internetzeit erhöht.

Diese Entwicklung ist aber nicht unproblematisch. Für einige ersetzen die Beschäftigungen im Internet mehr und mehr andere Hobbys und die „realen" Kontakte zu ihren Mitmenschen. So

verbringen viele immer weniger Zeit draußen und schließen hauptsächlich virtuelle Freundschaften – oftmals mit Leuten, die sie überhaupt nicht persönlich kennen. Man weiß bei einem virtuellen Freund, den man nur über das Internet kennt, nicht mit wem man es wirklich zu tun hat. Immer wieder nutzen auch Straftäter die Gutgläubigkeit junger Menschen aus, die Kontakte über das Internet knüpfen wollen.

Grundsätzlich ist sowohl bei der Onlinesucht als auch bei der Computerspielsucht die größte Gefahr, den Bezug zur Wirklichkeit zu verlieren. Das Internet oder die Computerspiele werden dann wichtiger als das normale, reale Leben: So tauschen einige sich lieber mit den Freunden aus einem bestimmten Internetforum aus, als Kontakte mit Klassenkameraden zu knüpfen. Oder es ist für sie weniger bedeutend, für eine Klassenarbeit ausgeschlafen zu sein, als die ganze Nacht im Chat zu verbringen.

1 Why do teenagers use the internet? (2)

2 What negative use of the internet is discussed in the opening paragraph? (1)

3 What do people talk about in internet communities? (2)

4 What can this type of communication lead to? (1)

5 Why is the use of online communities also problematic? Give any three details. (3)

6 What is the biggest danger of internet addiction? Give an example. (2)

ACTIVITY: LISTENING: THE DANGERS OF THE INTERNET

Listen to the text and then answer the questions in English.

1 What do Melanie and her mother like to talk about? (2)

2 What is the main difference between them? (2)

3 Why does Melanie like to use Facebook? Give two details. (2)

4 Why is Melanie's mother worried about her daughter using Facebook? Give any three details. (3)

5 What advice has Melanie's mother given her? Give any three details. (3)

THINGS TO DO AND THINK ABOUT

Now write a short essay on the topic of technology (120–150 words).

Wofür benutzt du deinen Computer? Was sind die Gefahren im Internet? Warum sind soziale Netzwerke so beliebt?

 ONLINE

Head to www.brightredbooks.net to revise this topic.

VIDEO LINK

Learn more about this topic by watching the clip on the technology of the future at www.brightredbooks.net

 ONLINE TEST

Test yourself on this topic at www.brightredbooks.net

MOBILE PHONES — HANDYS

In this section, you will learn phrases to help you discuss the pros and cons of mobile-phone use.

 ACTIVITY: MOBILE PHONES: FÜR ODER GEGEN?

Are these people for or against mobile phones? Write *für* or *gegen* beside each sentence:

1 Kinder wollen immer irgendwelche coolen Handys mit vielen Funktionen. Handys sind Modeartikel.

2 Schüler schicken die ganze Zeit SMS oder E-Mails voller Chatsprache – das heißt Abkürzungen oder erfundene Wörter. Und dann schreiben sie genauso in der Schule. Sie können kein richtiges Deutsch mehr.

3 Es ist für die Eltern beruhigend.

4 Schüler können das Handy benutzen, um Recherchen im Internet zu machen.

5 Man kann den Notdienst anrufen, wenn man eine Panne hat.

6 In den letzten Jahren hat das Filmen von Gewalttäten mit der Handy-Kamera zugenommen.

7 Manche Eltern wollen, dass ihre Kinder aus Sicherheitsgründen ein Handy haben.

8 An Schulen, in Clubs oder auf der Straße hört man jetzt ständig ein Handy in den Taschen summen oder klingeln.

9 Ein Handy dient als Notizzettel, Fotoalbum und Terminkalender.

10 Ein Handy ist teuer und kann leicht zur Sucht werden.

11 Man hat nicht immer Empfang.

12 Achtzig Prozent der Jugendlichen nutzen das Handy, um SMS zu versenden – aber oft zu Freunden, die sie den ganzen Tag in der Schule gesehen haben.

13 Man kann mich immer und zu jeder Zeit erreichen.

14 Für die heutige Jugend ist das Handy wichtiger als Schokoriegel.

15 Die Gesundheitsbehörden haben herausgefunden, dass ständiges Telefonieren gesundheitsschädlich ist. Der Körper und das Gehirn nehmen Strömungen auf, die zu Schaden führen können.

Now translate the sentences into English.

DON'T FORGET

Remember that the conjunction *dass* sends the verb to the end of the sentence.

ADVANTAGES AND DISADVANTAGES

It is important to use discursive phrases in your Writing and Talking tasks. You can talk about the advantages (*Vorteile*) and disadvantages (*Nachteile*) of mobile phones.

Beispiel:

> Ein Vorteil ist, dass man den Notdienst anrufen kann, wenn man eine Panne hat.
> Ein Nachteil ist, dass man an Schulen, in Clubs oder auf der Straße jetzt ständig ein Handy in den Taschen summen oder klingeln hört.

 **ACTIVITY:** READING: SMARTPHONES KÖNNEN KINDER SÜCHTIG MACHEN

Forscher haben herausgefunden, dass Smartphones Kinder süchtig machen können. Manche können ihr Telefon kaum noch aus der Hand legen.

Forscher der Universität Mannheim haben Mädchen und Jungen befragt, um mehr über ihre Smartphone-Nutzung herauszukriegen. Die Wissenschaftler sagen: Unter den Kindern im Alter von 8 bis 14 Jahren können gut zwei von drei über das Handy auf das Internet zugreifen. Sie haben ein Smartphone, mit dem sie surfen, Bilder und Videos verschicken können.

Professor Peter Vorderer hat sich angeschaut, was die Kinder mit den Telefonen machen. Er sagt: „Viele sind in der Lage, auch längere Zeit ohne das Handy oder Smartphone auszukommen. Jeder Fünfte aber weist eine sehr starke Bindung auf. Diese Kinder denken ständig an das Smartphone und prüfen immer wieder, ob sie neue Nachrichten haben. Mitunter nutzen sie es auch, um sich irgendwie die Zeit zu vertreiben."

8 von 100 Kindern sind so stark mit dem Handy beschäftigt, dass sie süchtig davon werden können. Sie können dann nicht mehr ohne das Gerät und müssen ständig daran denken und darauf tippen.

contd

Vorteile und Nachteile

Die Forscher sagen: Das Smartphone hat Vorteile und Nachteile. Es bringt Kinder zusammen und stärkt Freundschaften, zum Beispiel man kann gemeinsam Fotos und Videos anschauen oder gemeinsam spielen. Zudem tauschen sich Kinder mithilfe des Smartphones aus. Nachrichten sind schnell verschickt. Das hilft auch Familien, so die Forscher. Jeder kann schnell Bescheid geben oder etwas nachfragen.

Trotzdem sehen die Forscher auch Nachteile für die Kinder. Nicht nur, dass der ständige Blick aufs Handy Stress auslösen kann. Viele haben Angst, etwas zu verpassen oder ausgeschlossen zu sein. Hänseln über das Telefon ist auch ein großes Problem. Die Kinder lassen sich auch zu leicht ablenken. Bei den Hausaufgaben sind sie dann beispielsweise nicht bei der Sache.

Part 1

Find the German words in the text for the following:

1 addicted
2 researchers
3 scientists
4 in the position
5 strong connection
6 constantly
7 messages
8 the machine
9 advantages
10 fear
11 bullied

Part 2

Are the following statements true, false or not mentioned?

1 Two-thirds of teenagers have access to the internet.
2 Teenagers like to write e-mails.
3 One in five teenagers has a strong connection to their phone.
4 Teenagers are always checking their messages.
5 Mobile phones can damage friendships.
6 Teenagers like to look at photos and videos.
7 Smartphones help families to keep in touch.
8 Children are scared of losing their mobile.
9 Some teenagers have been bullied.
10 Mobile phones can help with homework.

 ACTIVITY LISTENING: MOBILE PHONES

Complete the text below by filling in each blank with one of the words from the box. Then check to see if you are correct by listening to the text.

Mein Handy ist mein _____. Ich benutze mein Handy _____. Ich _____ im Internet und ich _____ Musik herunter. Wenn ich im Bus sitze, spiele ich oft _____. Es ist für meine Eltern _____. Sie können mich jederzeit _____. Ein Handy ist _____ in Notfällen. Man kann den Notdienst anrufen, wenn man eine _____ hat. Das Handy dient als Notizzettel, _____ und Terminkalender. Ein Nachteil ist, dass ein Handy _____ ist und leicht zur _____ werden kann. Man hat nicht immer _____.

Computerspiele	Panne	Leben	Fotoalbum	Empfang
surfe	beruhigend	teuer	Sucht	nützlich
lade	erreichen	ständig		

ONLINE

 Head to www.brightredbooks.net to revise this topic.

 THINGS TO DO AND THINK ABOUT

Now use your knowledge to write a short essay (120–150 words) about mobile phones.

Wie oft benutzt du dein Handy? Was sind die Vorteile und die Nachteile? Warum sind so viele Jugendliche süchtig?

ONLINE TEST

 Test yourself on this topic at www.brightredbooks.net

MEDIA — DIE MEDIEN

In this section, you will learn how to discuss your reading preferences and TV habits, as well as your opinion of reality TV shows.

DON'T FORGET

You should try to use separable verbs like *vor/ziehen*. Remember that the prefix is removed and put at the end of the sentence.

WAS IST DEINE VORLIEBE? – WHAT DO YOU PREFER?

Stating a preference:

Das normale Buch oder das E-buch?

Ich lese <u>lieber</u> das normale Buch. I prefer to read the normal book.

Ich <u>ziehe</u> das E-book <u>vor</u>. I prefer the e-book.

 ACTIVITY READING: E-BOOK ODER NORMALES BUCH?

Thomas

Ich bin für das normale Buch. Ein normales Buch ist durch nichts zu ersetzen. Normale Bücher kann man überall lesen. Für ein E-Book sind vernünftige Lichtverhältnisse und funktionierende Technik (aufgeladene Akkus usw.) nötig. Eine Wohnung ohne Bücher in den Buchregalen, am Nachttisch oder in der Küche ist für mich nicht möglich. Es ist so schön, sich einfach in den Sessel zu setzen und ein Buch in der Hand zu halten und sich in die Geschichte entführen zu lassen.

Kerstin

Die Zukunft gehört den E-Books. Wir wohnen in einem digitalen Zeitalter. Ein E-Book ist praktischer und Menschen, die sehr viel unterwegs sind und reisen, müssen nicht acht Bücher in den Urlaub oder die Geschäftsreise mitschleppen. Auf einem E-Reader kann man eine komplette Bibliothek auf kleinstem Raum speichern.

Ein großer Vorteil ist, dass man die Schriftgröße und auch die Schriftart ändern kann. E-Books kann man 24 Stunden am Tag kaufen und sie sind direkt nach dem Kauf verfügbar. Man braucht nicht das Haus zu verlassen oder auf den Postboten zu warten.

Summarise the views of Thomas and Kerstin in English, listing each one as a bullet point. This is good practice for the Reading assessment in your course exam.

 ACTIVITY DO YOU LIKE WATCHING TV? – SIEHST DU GERN FERN?

What do these people say about their TV viewing habits?
1 Ich sehe aus Langeweile fern.
2 Ich sehe immer nur bestimmte Sendungen.
3 Ich sitze vor dem Fernseher und suche, bis ich etwas Interessantes finde.
4 Ich sehe mehr als vier Stunden pro Tag fern.
5 Ich sehe fern, um mich zu entspannen.
6 Ich sehe fern, um meine Sorgen zu vergessen.
7 Ich sehe fern, um dem Alltag zu entfliehen.

ONLINE

Go to the revision section at www.brightredbooks.net to revise TV vocabulary.

ACTIVITY OPINIONS

Here are some more advanced adjectives to allow you to express your opinion about different types of programme. See if you can match up the German and English meanings.

Meiner Meinung nach sind Zeichentrickfilme ...

1 unmöglich	7 eindrucksvoll	a fascinating	g pleasant
2 angenehm	8 gewalttätig	b exaggerated	h great
3 ausgezeichnet	9 gruselig	c impressive	i excellent
4 faszinierend	10 unterhaltsam	d impossible	j splendid
5 herrlich	11 übertrieben	e melodramatic	k scary
6 großartig	12 melodramatisch	f violent	l entertaining

contd

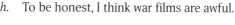

Now use these adjectives in a sentence to express your opinion about TV programmes. Here are some useful ways to start your sentence.

Ich würde sagen, dass Spielshows kindisch sind.   I would say that game shows are childish.

Ich muss zugeben, dass ich Serien langweilig finde.   I must admit that I find series boring.

Meiner Meinung nach ist Werbung doof.   In my opinion, adverts are stupid.

Um ehrlich zu sein, finde ich Kriegsfilme schrecklich.   To be honest, I think war films are awful.

ACTIVITY: LISTENING: UNDERSTANDING STATISTICS

Listen to the text, which gives the results of a survey into the TV viewing habits of teenagers. Write down in English the six main results of the survey.

ACTIVITY: GIVING OPINIONS ABOUT TV

Part 1

Hat das Fernsehen einen positiven oder einen negativen Einfluss auf uns? Does TV have a positive or negative influence on us?

Read the following statements and write *positiv* or *negativ* beside each one. Then translate the sentences into English.

1 Manche Sendungen, auch Seifenopern, versuchen, aktuelle Themen wie Ausländerfeindlichkeit zu behandeln.

2 Die Seifenopern ersetzen die sozialen Kontakte für viele Menschen, die allein wohnen.

3 Viele Kinder werden fernsehsüchtig.

4 Kinder sind weniger aktiv, weniger erfinderisch, finden es schwieriger Kontakte mit anderen aufzubauen.

5 Sogar Kindersendungen oder Zeichentrickfilme zeigen Gewaltszenen.

6 Das Fernsehen ist gesellig. Ich spreche mit meinen Freunden oder mit meiner Familie über den Inhalt von Fernsehsendungen.

7 Ich sehe fern, um mich über Ereignisse in der Welt zu informieren.

8 Studien haben gezeigt, dass die Kinder, die am wenigsten fernsehen, die größte Chance haben, in der Zukunft einen Universitätsabschluss zu machen.

9 Für Kinder mit einer lebhaften Fantasie können sich die Grenzen zwischen Fernsehen und Realität manchmal verwischen.

10 Es gibt nur sehr wenige Sendungen von hoher Qualität.

11 Das Fernsehen ist eine wichtige Informationsquelle.

12 Viele Leute wissen ohne Fernsehen gar nicht mehr, was sie mit sich anfangen sollen. Das ist tragisch. Man sollte kreativ sein, lesen, malen oder basteln.

Part 2

Teenagers Mia and Max have different opinions. Write down the sentences from the above list you think each of them would use to further their argument. Now listen to them talking and see if you guessed the right sentences from the ones listed above. Write down the number of each sentence in the order you hear them.

> Ich bin Mia. Ich sehe gern fern.

> Ich bin Max. Ich sehe nicht gern fern.

Part 3

Reality-Shows

In den letzten Jahren ist die Reality-Show sehr beliebt geworden. Es gibt jetzt so viele Varianten – Doku-Soaps wie „Frauentausch", Casting-Shows wie „Deutschland sucht den Superstar" oder Container-Shows wie „Big Brother". Aber eines haben sie gemeinsam: der Zuschauer kann sein voyeuristisches Interesse am Leben anderer befriedigen. Bei Casting- und Container-Shows kann man auch mitbestimmen, wer den großen Preis gewinnt.

What makes these new types of shows so popular? Give two details.

VIDEO LINK

Check out the clip about the worst movies at www.brightredbooks.net

THINGS TO DO AND THINK ABOUT

Now use the information you have learned in this section to write a short essay (120–150 words).

Was für Sendungen siehst du gern? Findest du das Fernsehen eine gute oder eine schlechte Unterhaltung? Und warum? Warum sind Reality-Shows so beliebt?

ONLINE TEST

Test yourself on this topic at www.brightredbooks.net

HEALTH — GESUNDHEIT

In this section, you will learn to talk about what you do to stay healthy.

FOOD AND LIFESTYLES

Here are some phrases to get you started.

> **Beispiel:**
>
> Ich esse viel Gemüse.   *I eat a lot of vegetables.*
> Ich esse zu viel Käse.   *I eat too much cheese.*
> Ich esse zu wenig Fisch.   *I eat too little fish.*

Let's look at how we can turn these sentences into Higher-level sentences.

> **Beispiel:**
>
> Ich kann ehrlich sagen, dass ich viel Gemüse esse.
> *I can honestly say that I eat a lot of vegetables.*
> Ich muss zugeben, dass ich zu viel Käse esse.
> *I must admit that I eat too much cheese.*
> Es lässt sich nicht leugnen, dass ich zu wenig Fisch esse.
> *It can't be denied that I eat too little fish.*

Here are some other verbs to use to improve the quality of your sentences.

versuchen   to try

> **Beispiel:**
>
> Ich versuche, fünf Portionen Obst und Gemüse zu essen.
> Ich versuche, Vollkornbrot zu essen.

vermeiden   to avoid

> **Beispiel:**
>
> Ich vermeide fettiges Essen.
> Ich vermeide Süßigkeiten.

You can show off your knowledge of more technical vocabulary.

> **Beispiel:**
>
> Eine ausgewogene Ernährung ist wichtig. –
> *A balanced diet is important.*
> Man braucht Kohlenhydrate, Eiweiße, Fette, Vitamine und Mineralstoffe, um fit und gesund zu bleiben. –
> *You need carbohydrates, protein, fat, vitamins and minerals to stay fit and healthy.*
> Man braucht Kohlenhydrate für Energie. –
> *You need carbohydrates for energy.*
> Eiweiße sind wichtig für Muskeln, Organe und das Immunsystem. –
> *Protein is important for muscles, organs and the immune system.*
> Vitamine sind lebensnotwendig für die Bildung von Knochen. –
> *Vitamins are essential for building bones.*

 ACTIVITY: READING: ARMUT IST IN DEUTSCHLAND EIN GESUNDHEITSRISIKO

Read the passage below, then answer the questions in English.

ONLINE TEST

Take the test at www.brightredbooks.net to see if you can remember the main vocabulary to do with food and lifestyles.

Im April findet in Deutschland der Tag der gesunden Ernährung statt. Aus gutem Grund: Viele Deutsche ernähren sich schlecht und mehr als die Hälfte hat Übergewicht. Das Schockierende: Es sind besonders viele Arme.

„Einkommen und Bildung haben einen entscheidenden Einfluss auf die Gesundheit" – das ist das zentrale Resultat der größten europäischen Studie zur Gesundheit von Kindern und Jugendlichen. Weiter heißt es: „Kinder aus sozial schwachen Familien und Migrantenfamilien leiden häufiger unter Essstörungen und Übergewicht".

Ein anderer Faktor ist die Qualität der gekauften Lebensmittel. Zweiundsechzig Prozent der Deutschen finden den Preis der Nahrung wichtiger als die Qualität – also nicht nur Familien mit einem knappen Budget. Der Unterschied zu Familien mit mehr Geld ist, dass Arme ungesünder einkaufen. Eine Ernährungsstudie hat gezeigt, dass Leute in Armutshaushalten häufig Konserven und Fertiggerichte, also Produkte mit hohem Zucker-, Salz- und Fettgehalt, und Lebensmittel mit vielen Kohlenhydraten kaufen und zu wenig frisches Obst und Gemüse, Milch und Vollkornprodukte. Warum? Ärmere Familien haben oft Probleme, den Alltag zu managen, und Essen spielt in dieser Situation eine sekundäre Rolle: Sie halten z.B. seltener an der Esskultur, dem Kochen und gemeinsamen Essen, fest. Das alles trägt dazu bei, dass Arme im Durchschnitt übergewichtiger sind.

contd

VIDEO LINK

For more on this topic, check out the clip about an organic food market at www.brightredbooks.net

Über 70 Milliarden Euro gibt das deutsche Gesundheitssystem jährlich für ernährungsbedingte Krankheiten aus. Der Tag der gesunden Ernährung ist ein Präventionsprogramm. Es informiert bundesweit darüber, wie man sich gesünder ernähren kann. Tatsache ist aber, dass arme Leute diese Events nicht besuchen. Solange diese soziale Situation um Ernährung nicht adressiert wird, solange wird Übergewicht ein zunehmendes Problem für Deutschland bleiben.

1 What event is happening in April?

2 How many Germans are overweight?

3 What factors can influence health?

4 What do children from poorer families and immigrant families suffer from?

5 Why is 62 per cent mentioned?

6 What types of food do poorer families buy?

7 What purpose does the Day of Healthy Eating have?

8 Why has the programme not been completely successful?

 ACTIVITY LEBST DU GESUND ODER UNGESUND?

Copy out all the phrases below that apply to your own lifestyle. Use the dictionary to look up any words you do not know.

ONLINE

Head to www.brightredbooks.net to find a reading activity on this topic.

ACTIVITY LISTENING: HEALTHY LIVING

Listen to the track at www.brightredbooks.net and make notes in English about how Laura tries to maintain a healthy lifestyle.

 ACTIVITY READING: EINSCHLAFEN

Read the passage below then answer the questions in English.

- Ich esse meistens eine gesunde Ernährung aus frischer, vitaminreicher Nahrung.
- Ich esse fünf Portionen Obst und Gemüse am Tag.
- Ich esse nur wenig Fleisch.
- Ich trinke zwei Liter Flüssigkeit am Tag.
- Ich gehe jeden Tag an die frische Luft.
- Ich entspanne mich jeden Abend, um den Ausgleich zu finden.
- Ich weiß, dass genug und regelmäßig Schlafen eine Voraussetzung für Wohlbefinden und Gesundheit ist.

- Ich rauche nicht, weil Rauchen gesundheitsschädlich ist.
- Ich genieße Alkohol in Maßen.
- Ich habe gesunde Beziehungen zu meiner Familie und meinen Freunden. Erfüllte Beziehungen sind wichtig für die Lebensqualität.
- Ich versuche immer positiv zu denken. Ich motiviere mich mit positiven Sätzen und ich lese positive Bücher.
- Ich vermeide Schadstoffe wie Süßigkeiten, Zucker, Fett, Salz und Fastfood.
- Ich bewege mich ausreichend; eine halbe Stunde Ausdauersport jeden Tag.

  ACTIVITY LISTENING: SPORT

Listen to the passage about sport at www.brightredbooks.net, then answer the following questions in English.

1 What is the old cliché?

2 What are the benefits of doing sport? State any two details.

3 What do the statistics show?

4 What would they rather do?

5 How can teenagers be motivated to do sport?

 **DON'T FORGET**

Note the difference between *viel* = a lot of and *zu viel* = too much.

 THINGS TO DO AND THINK ABOUT

Now write a short essay (120–150 words) about your own lifestyle.

Isst du gesund? Lebst du gesund? Kannst du dich gut entspannen?

ONLINE TEST

Test yourself on this topic at www.brightredbooks.net

TEENAGE ADDICTIONS — JUGENDSUCHT

In this section, you will learn how to discuss some of the problems facing teenagers.

KEY VOCABULARY

Here are some important words to get you started on the topic of addiction.

die Sucht	addiction
Ich bin süchtig.	I am addicted.
abhängig	dependent
die Abhängigkeit	dependency/addiction
schädigen	to damage
verursachen	to cause
der Konsum	consumption
verzichten	to give up
aufhören	to stop
das Gift	poison
die Gefahren	dangers
die Folgen	consequences

 **ACTIVITY: READING: ALCOHOL**

Read the passage below, then answer the questions in English.

In der Freizeit geht es Jugendlichen in erster Linie darum, Spaß zu haben und gemeinsam mit ihrem Freundeskreis intensive Momente zu erleben. Aber manchmal geht es auch darum, Grenzen zu überschreiten und sich zu beweisen. Sie finden es spannend, gegen Verbote zu verstoßen. Außerdem können durch Alkohol die eigenen Unsicherheiten und Ängste ignoriert werden. Dies führt dazu, dass Mädchen und Jungen risikofreudiger werden, was ihnen auch das Aufbauen von Freundschaften und Liebesbeziehungen erleichtern kann.

Auch die Alkoholwerbung greift gerne auf diesen postiven Aspekt zurück und bewirbt somit gezielt viele ihrer Produkte mit jungen, top aussehenden Menschen in Partystimmung, was insbesondere die jüngere Generation anspricht.

Jugendliche wollen erwachsen wirken. Auf der Suche nach einer eigenen Identität übernehmen sie manchmal Verhaltensweisen und Lebensstile von Vorbildern wie beispielsweise älteren Geschwistern, Schauspielern oder Musikstars. Leider sehen die Jugendlichen die Risiken nicht. Beim Konsum von Alkohol beispielsweise übersehen sie meist die Tatsache, dass die Risiken für sie viel größer sind, da sich ihr Gehirn und sämtliche Organe im Wachstum befinden!

Für viele Jugendliche ist es sehr wichtig, vor Freunden gut dazustehen. Durch ein konformes Verhalten wird die Identifikation mit der Gruppe leichter. Viele Jugendliche glauben fälschlicherweise, dass die meisten innerhalb ihrer Altersgruppe bereits Alkohol getrunken hätten und machen nur diesen vermeintlichen Trend mit, weil sie wie „die anderen" sein wollen.

DON'T FORGET

weil = 'because' is followed by a clause; *wegen* = 'because of' is followed by a noun.

1 What do teenagers like to do most in their free time? (1)

2 What do they sometimes do? Give any two details. (2)

3 What does alcohol allow teenagers to do? Give any two details. (2)

4 What does the advertising industry do to deliberately target young people? (1)

5 Why are the risks of alcohol consumption more serious for young people? (1)

6 What is very important for young people? (1)

7 What do teenagers often falsely believe? (1)

contd

ACTIVITY: READING: WHY SMOKE?

What reasons do these young Germans give for smoking?

1 Ich rauche, um eine bessere Stimmung zu haben.

2 Ich rauche, um mich besser zu konzentrieren.

3 Ich rauche, um abzunehmen.

4 Ich rauche, weil es cool und schick ist.

5 Ich rauche, weil alle in meinem Elternhaus rauchen.

6 Ich rauche, um mein Erwachsensein und meine Unabhängigkeit zu demonstrieren.

7 Ich rauche, weil ich Schwierigkeiten in der Schule habe und ich meine Sorgen vergessen kann.

8 Ich rauche wegen des Gruppenzwangs. Alle meine Freunde rauchen und ich rauche, um zu der Clique zu gehören.

9 Ich rauche, weil ich gestresst bin. Ich habe ein angespanntes Verhältnis zu meinen Eltern.

10 Ich rauche, weil ich immer auf Diät bin. Wenn ich rauche, esse ich weniger.

 ACTIVITY: LISTENING: SMOKING: FÜR ODER GEGEN?

Are the people who are talking for or against smoking? Write *für* or *gegen* for each one.

 ACTIVITY: READING: THE CONSEQUENCES OF ADDICTION

„Rauchen und Alkoholkonsum schädigen die Gesundheit. Aber wie?"

Can you put the following statements under the correct heading?

Rauchen	Alkoholkonsum

a Man verliert Bewegungskoordination.

b Es verursacht Lungenkrebs und Magenkrebs.

c Man hat einen Husten.

d Man verliert Konzentration und Reaktionsvermögen.

e Die Leber wird geschädigt.

f Man hat Atembeschwerden.

g Es führt zu Herzmuskel-Erkrankungen.

h Man hat Sprach- und Orientierungsstörungen.

i Es verursacht fahle Haut und gelbe Zähne.

j Es führt zu Kreislaufkrankheiten.

k Es führt oft zu Reizbarkeit, Ängsten und Depressionen.

l Es führt zu Übergewicht.

 ACTIVITY: LISTENING: ALCOHOL

Listen to the text about alcohol and fill in the missing words in English.

Every German drinks _____ 9.6 litres of alcohol per year. That is the same as a bathtub full of _____, _____ and spirits. _____ people enjoy alcohol, but _____ people ignore the _____. The limit for an adult woman is one _____ per day and _____ glasses of alcohol per day for an adult man.

Now summarise in English the six tips given for a healthy consumption of alcohol.

 ACTIVITY: LISTENING: SMOKING AND ALCOHOL: RALF AND DORIS

Practise your note-taking skills. Make notes in English about what Ralf says about smoking and what Doris says about alcohol.

THINGS TO DO AND THINK ABOUT

Now use the knowledge you have gained in this section to write a short essay (120–150 words) about teenage problems.

Welche Probleme haben Jugendliche heutzutage? Trinkst du Alkohol? Wie findest du Rauchen?

 VIDEO LINK

Learn more about addictions by watching the clip at www.brightredbooks.net

 ONLINE TEST

Test yourself on this topic at www.brightredbooks.net

CITIZENSHIP — BÜRGERSCHAFT

In this section, you will learn about how Germans contribute to society and, in particular, what they do to protect the environment.

 ACTIVITY: READING: VOLUNTARY WORK

Read the passage below, then answer the questions in English.

Ehrenamtliche Mitarbeiter sind in Vereinen, Organisationen oder Einrichtungen tätig, ohne dafür Geld zu erhalten. Man kann zum Beispiel in einem Tierheim helfen, bei Umweltschutzvereinen arbeiten, in sozialen Einrichtungen für Hilfsbedürftige oder bei Menschenrechtsorganisationen, beim Deutschen Roten Kreuz, bei der freiwilligen Feuerwehr sowie auch in einem Fußballverein oder bei Musikveranstaltungen und Festivals ehrenamtlich tätig sein.

Ehrenamtliche Mitarbeiter sehen nicht nur einen großen Sinn in ihrer Aufgabe, sondern haben meist auch viel Freude daran, weil sie sich ebenso in ihrer Freizeit damit beschäftigen, da sie beispielsweise selbst Fußball spielen oder Tiere lieben. In Deutschland gibt es 23 Millionen Menschen, die ehrenamtlich tätig sind. Ehrenamtliche Mitarbeiter sind sehr wichtig, denn oftmals würde es ohne ihre Hilfe viele Vereine, Einrichtungen und Organisationen überhaupt nicht geben, da sie nicht das Geld hätten, um feste Arbeitskräfte anzustellen.

Auch Jugendliche können sich zum Beispiel in einem Jugendzentrum oder in Umweltschutzorganisationen engagieren und dort bei der Arbeit helfen. Fast die Hälfte der 14- bis 15-Jährigen in Deutschland waren oder sind in ihrer Freizeit ehrenamtlich aktiv. Doch die Art des Engagements macht den Unterschied, wie eine Studie der Uni Würzburg zeigt. Nicht jeder Jugendliche hat das Gefühl, einen wichtigen Beitrag für die Gesellschaft zu leisten. „Wir sehen an den Ergebnissen ganz deutlich, dass nicht jede Form von ehrenamtlichem Engagement die gleichen positiven Auswirkungen auf die Entwicklung von Jugendlichen hat", erläutert die Psychologin Gabriela Christoph.

1 Give three examples of where people can do voluntary work. (3)
2 What do the volunteers get out of doing this kind of work? (2)
3 Why are these volunteer workers so important? (2)
4 What proportion of teenagers are involved in such work? (1)
5 What were the findings of the survey carried out by Würzburg University? (1)

THE ENVIRONMENT – DIE UMWELT

Many teenagers are involved in projects to help protect the environment.

 ACTIVITY: MATCH-UP

Revise the key vocabulary by doing this matching exercise.

1 der Treibhauseffekt   a exhaust fumes
2 der Klimawandel   b sea level
3 die Luftverschmutzung   c noise pollution
4 die Folgen   d overpopulation
5 Überschwemmungen   e dangers
6 Dürren   f carbon dioxide
7 Kernkraft   g greenhouse effect

contd

8	die Überbevölkerung	h	harmful to the environment
9	die Auswirkungen	i	climate change
10	die Gefahren	j	nuclear energy
11	die erneuerbaren Energien	k	global warming
12	Kohlendioxid	l	air pollution
13	aussterben	m	to protect
14	die Erderwärmung	n	renewable energies
15	der Müll	o	droughts
16	die Abgase	p	effects
17	schützen	q	rubbish
18	umweltschädlich	r	consequences
19	der Meeresspiegel	s	floods
20	die Lärmbelastung	t	to become extinct

ACTIVITY LISTENING: ENVIRONMENTAL PROBLEMS

Listen to the track at www.brightredbooks.net. What do these eight young people think are the biggest environmental problems facing society?

ACTIVITY READING: GLOBAL WARMING

Read the passage below, then answer the questions in English.

Der „natürliche Treibhaus-Effekt" ist wichtig für uns. Ansonsten würden Minus-Grade auf unserem Planeten herrschen. Doch seit dem Beginn der Industrialisierung gibt es zu viele Abgase in der Atmosphäre.

Nach den neuesten Untersuchungen ist die Erdtemperatur in den vergangenen 100 Jahren nahezu um ein Grad Celsius gestiegen. In den nächsten 50 Jahren sollen die Temperaturen um mehr als zwei Grad steigen. Die Folgen des wärmeren Klimas sind jetzt bereits sichtbar: Das „ewige Eis" der Arktis schmilzt immer schneller, und dadurch steigt der Meeresspiegel weiter an. Es kommt häufiger zu Überschwemmungen, und auch starke Orkane nehmen zu. Ganze Küstenregionen drohen irgendwann im Wasser zu versinken. In warmen Regionen herrschen dagegen immer öfter Dürrekatastrophen. Der Lebensraum von Mensch und Tier ist zunehmend bedroht.

Computer, Fernseher oder Licht: täglich verbrauchen wir elektrische Energie. Der größte Teil davon wird in Kohle- und Gaskraftwerken hergestellt. Erdöl, Erdgas und Kohle sind Energiequellen, die irgendwann erschöpft sind. Die Verbrennung ist sehr umweltschädlich, weil giftige Gase wie z.B. Kohlendioxid entstehen. Erneuerbare Energien sind besser für die Umwelt, aber sind teuer. Daher werden erneuerbare Energien wie Solarenergie oder Windkraft von der Regierung stark subventioniert.

Jeder Einzelne kann etwas gegen den Klimawandel unternehmen. Wir sind alle verantwortlich. Unsere Umwelt geht alle an und deshalb hat selbst die kleinste Aktion eine positive Auswirkung.

1. Why is the greenhouse effect important for us? (1)
2. What problem has industrialisation caused? (1)
3. What effect has there been on the earth's temperature? (2)
4. What are the consequences of this change? Mention any three things. (3)
5. How is the majority of energy produced? (1)
6. What problems do these sources of energy cause? (2)
7. What is being done by the government to promote renewable energy? (1)
8. Summarise the main message in the final paragraph. (3)

 ONLINE TEST

Test yourself on this topic at www.brightredbooks.net

ACTIVITY LISTENING: SAVE THE ENVIRONMENT

Listen to the track at www.brightredbooks.net in which some German people talk about small steps that can be taken to help protect the environment. What are the 14 tips they mention?

 DON'T FORGET

When taking notes during the listening exam, it is important to develop your own form of shorthand so that you can jot down more information.

THINGS TO DO AND THINK ABOUT

Now use the ideas from the texts to answer the following questions:

Was ist das größte Umweltproblem für dich? Bist du umweltfreundlich? Was machst du, um die Umwelt zu schützen?

 VIDEO LINK

For more on this topic, check out the clip on Namibia at www.brightredbooks.net

LEARNING

SCHOOL SUBJECTS – DIE SCHULFÄCHER

In this section, you will revise the vocabulary to talk about your subjects as well as how you like to learn.

ONLINE

First of all, go to the online revision exercises at www.brightredbooks.net to revise vocabulary relating to school subjects and phrases to express liking and disliking.

⚙ ACTIVITY: TRANSLATION: DIE SCHULFÄCHER

Complete each sentence with the name of one or more school subjects. Then translate the sentences into English.

1 Die Pflichtfächer sind _____.
2 Ich habe _____ gewählt.
3 Ich habe gute Noten in _____.
4 Ich habe schlechte Noten in _____.
5 Ich mache gute Fortschritte in _____.
6 Ich bekomme viele Hausaufgaben in _____.
7 Ich schreibe viele Klassenarbeiten in _____.
8 Wir lernen viel über Computer in _____.
9 Wir machen viel Gruppenarbeit in _____.
10 Wir diskutieren interessante Themen in _____.

You could develop some of these sentences to give a reason why you like or dislike a subject. Remember to use a *weil* clause and send the verb to the end of the sentence.

Beispiel:
Ich mag Geschichte, weil ich gute Noten habe.

You could also comment on the qualities of the teacher. Try to get some ideas from the next listening activity.

⚙ ACTIVITY: LISTENING: WIE IST EIN GUTER LEHRER?

Here are the findings of a survey carried out by class 11C with their year group about what makes a good teacher. Write down the top ten answers given in English.

Some teachers are not as popular as others, and you may need to use a negative phrase to describe them. The grammar rule is explained below.

USING NEGATIVES

You use *nicht* when you are negating a verb.

Beispiel:
Der Lehrer kann <u>nicht</u> gut erklären.
Der Lehrer kann die Schüler <u>nicht</u> kontrollieren.

Before a noun, you use *keinen/keine/kein* in the accusative case.

Beispiel:
Der Lehrer/die Lehrerin ...
hat keinen Respekt (m)   *has no respect*
hat keine Geduld (f)   *has no patience*
hat kein Verständnis (nt)   *has no understanding*

contd

ACTIVITY READING: LERNTYPEN

Read the passage below, then answer the questions in English.

Welcher Lerntyp bin ich?

Wenn Kinder in der Schule schneller bzw. langsamer lernen, hat dies oft nicht mit der Intelligenz der Kinder zu tun, sondern mit den unterschiedlichen Lerntypen. Jeder lernt anders. Pia sitzt im Physikunterricht. Es ist nicht ihr Lieblingsfach, denn diese ganzen Formeln und fremden Begriffe sind nicht so ihr Ding. Pia mag den Kunstunterricht – oder Musik. Aber Physik? Ihr Lehrer wiederholt gerade seine Erklärung zu verschiedenen Energietypen. Potentielle Energie, Bewegungsenergie – Pia kann es nicht verstehen. Plötzlich aber springt der Lehrer auf den Tisch und sagt: „Das ist potentielle Energie!" Die ganze Klasse starrt überrascht auf die ungewohnte Szene. „Und jetzt," ruft der Lehrer, „gebe ich die Energie frei!" – und springt vom Tisch. Pia versteht den Unterricht jetzt, und wird dieses Beispiel sicherlich nicht wieder vergessen. Jeder Mensch lernt auf seine eigene Art und Weise.

Ein wichtiger Teil der Selbsterkenntnis ist, zu wissen, wie man selbst am leichtesten lernt bzw. zu welcher Art Lerntyp man gehört. Am zuverlässigsten finden Sie Ihre individuelle Lernmethode heraus, in dem Sie sich selbst beobachten und erinnern, auf welche Art und Weise Sie bisher die größten Lernerfolge erzielt haben.

Lernen durch Hören – der auditive Lerntyp

Der auditive Lerntyp kann besonders gut gehörte Informationen aufnehmen, sie behalten und wiedergeben. Dadurch fällt es ihm besonders leicht, zu verstehen, was die Lehrer erklären. Der auditive Lerntyp lernt am besten, wenn er den Lernstoff hört, in dem er sich den Text selbst laut vorliest oder einem anderen dabei zuhört. Er kann sehr gut auswendig lernen, indem er den Text laut spricht. Auditive Lerntypen führen oft Selbstgespräche beim Lernen.

Lernen durch Sehen – der visuelle Lerntyp

Der visuelle Lerntyp lernt am besten, indem er Informationen liest oder Bilder anschaut. Der visuelle Lerntyp liest gern, schaut gern Bilder, Illustrationen oder Grafiken an, um Sachverhalte zu verstehen. Er malt gern Mindmaps und arbeitet lieber mit farbigen Stiften oder Markern.

Lernen durch Bewegung – der motorische Lerntyp

Der motorische Lerntyp lernt am besten, indem er Handlungsabläufe selber durchführt. Für ihn ist wichtig, am Lernprozess unmittelbar beteiligt zu sein. Dieser Lerntyp lernt am leichtesten, wenn er selbst etwas ausführt, zum Beispiel durch Ausprobieren, Rollenspiele und Gruppenaktivitäten. Diese Lerner erinnern sich ausgezeichnet an Informationen, die sie durch Bewegung, Handeln und Fühlen aufgenommen haben.

1 Why do children have a different pace of work at school?

2 Explain in your own words Pia's learning experience.

3 What is the best way to work out what type of learner you are?

4 Write down four facts about each of the three main types of learners.

ACTIVITY LISTENING: WIE LERNST DU AM BESTEN?

Twelve German students talk about how they like to study. Write down in English what they say.

THINGS TO DO AND THINK ABOUT

Now prepare a short essay (120–150 words) on the topic using the ideas you have gathered.

Welche Schulfächer lernst du dieses Jahr und warum? Machst du gute Fortschritte? Wie lernst du am besten?

 **DON'T FORGET**

Note that *bzw.* is the abbreviation for *beziehungsweise* = and/or … respectively.

 VIDEO LINK

Watch the video about learning languages at www.brightredbooks.net

 ONLINE TEST

Head to www.brightredbooks.net to test yourself on this topic.

SCHOOL LIFE — DAS SCHULLEBEN

In this section, you will learn about an unusual school set-up in Switzerland. You will be able to talk about the skills you learn at school that might be useful in the workplace.

ACTIVITY: READING: EINE INTERESSANTE SCHULE

Read the passage below, then answer the questions in English.

Sechs Monate lang besuchen die Schüler eines Gymnasiums in der Schweiz keinen Unterricht. Schüler an der Kantonsschule Zürcher Oberland werden von vielen Gleichaltrigen beneidet: ein halbes Jahr lang keinen Unterricht und keine Lehrer, die einen ständig unter Druck setzen! Doch ganz so entspannt ist die lehrerfreie Zeit nicht, wie die Schüler feststellen mussten. Denn zu Beginn des „Selbstlernsemesters" bekommen sie einen ganzen Stapel Bücher und einen Lehrplan, den sie durcharbeiten müssen. Denn wie alle anderen Schüler müssen auch sie am Ende eine Prüfung ablegen.

In Deutsch, Mathematik, Chemie, Biologie, Sport und zwei Sprachen müssen sich die Schüler den Stoff während dieser Zeit weitgehend selbst beibringen. Einmal in die Woche dürfen sie eine Stunde Nachhilfe bekommen. Wer will, kann zusätzlich per E-Mail oder in persönlichen Sprechstunden den Rat eines Lehrers einholen.

Die Idee entstand vor gut zwei Jahren, weil die Schule sparen musste – und kein Geld da war, um genügend Lehrer einzustellen. Mittlerweile halten viele diese urspüngliche „Notmaßnahme" aber nicht nur unter wirtschaftlichen Gesichtspunkten für sinnvoll. Denn die meisten der sechzehn- oder siebzehnjährigen

Schüler haben sich in ihren Leistungen nicht verschlechtert – im Gegenteil: Viele erzielten nach den sechs Monaten bessere Noten als zuvor. Und ganz nebenbei haben die Schüler gelernt, selbstständig zu arbeiten. Diese Fähigkeit ist später sehr wichtig, nicht nur, wenn man studieren möchte.

Mehr Freizeit haben die Jugendlichen in der schulfreien Zeit aber nicht. Sie müssen sich den Unterrichtsstoff selbst erarbeiten. Ob die Schüler ihre Unterlagen mit ins Schwimmbad nehmen, sich zum Lernen in die Bibliothek oder an den Schreibtisch setzen, ob sie nachts lernen oder tagsüber, bleibt ihnen überlassen. Aber manche Schüler haben so viel Angst, dass sie ihre Freizeit kaum noch richtig genießen können. Immer haben sie das Gefühl, sie sollten eigentlich noch mehr für die Schule tun.

An deutschen Schulen gibt es bis jetzt noch keine „Selbstlernsemester". Manche Experten sind von der lehrerfreien Zeit jedoch so überzeugt, dass sie das Modell auch an einzelnen Schulen in Deutschland einführen wollen. Denn die Universitäten beklagen immer wieder, dass die Schulabgänger nicht mehr in der Lage sind, selbstständig zu lernen und zu arbeiten. Und genau diese Fähigkeit wird ja in der „Schule ohne Lehrer" trainiert.

ONLINE

Revise this topic online by doing the activities at www.brightredbooks.net

1 Why are the pupils at the *Gymnasium* in Switzerland envied by other people their age? (1)

2 Why has the experience not been as relaxing as expected? (2)

3 What extra support are the pupils entitled to? (2)

4 How did this situation come about? (1)

5 What have been the advantages of this system other than the financial savings? (2)

6 Mention two negative aspects of the system as discussed in the passage. (2)

7 Why are the experts in Germany recommending the system? (1)

contd

ACTIVITY: LISTENING: GEHST DU GERN ZUR SCHULE?

Twelve German students have been on an exchange visit to a Scottish school. Listen to their comments, and write down in English what they have to say.

You may have to write about whether school prepares students for the workplace. Here are some ideas to get you started.

- *Ist die Schule eine gute Vorbereitung für den Arbeitsplatz?* – Is school good preparation for the workplace?
- *In der Schule entwickelt man viele Eigenschaften, Fertigkeiten, Fähigkeiten und Kenntnisse.* – In school you develop many qualities, skills, abilities and much knowledge.

ACTIVITY: TRANSLATION: IST DIE SCHULE EINE GUTE VORBEREITUNG FÜR DEN ARBEITSPLATZ?

Here is a list of skills most students develop at school. Rate how important you think these skills are for the workplace. Then translate the sentences into English.

1 = sehr wichtig   2 = ganz wichtig   3 = nicht so wichtig

1	Man erweitert seinen Horizont.	
2	Man lernt, seine Meinung auszudrücken.	
3	Man diskutiert Themen.	
4	Man lernt, kreativ zu sein.	
5	Man lernt Teamarbeit.	
6	Man hat die Gelegenheit, Fremdsprachen zu lernen.	
7	Man lernt das Rechnen.	
8	Man lernt, mit Technologie umzugehen.	
9	Man lernt Unabhängigkeit und Initiative.	
10	Man lernt, wie man gesund leben kann.	
11	Man lernt Toleranz und Respekt für andere Kulturen.	
12	Man entwickelt Selbstbewusstsein.	
13	Man lernt, eine gute Rede zu halten.	
14	Man lernt, wie man einen interessanten Aufsatz schreibt.	
15	Man lernt, wie man Probleme löst.	
16	Man lernt, ein verantwortungsbewusster Bürger zu sein.	

THINGS TO DO AND THINK ABOUT

A common question in the short essay about school asks you to write about your ideal school. You need to use the conditional tense to do this.

Here are some examples.

You need *würde* (for a singular noun) or *würden* (for a plural noun) in second place and the infinitive at the end of the sentence.

Beispiel:

Das Schulgebäude <u>würde</u> sehr modern <u>sein</u>.
Die Klassenzimmer <u>würden</u> hell und bunt <u>sein</u>.
Die Lehrer <u>würden</u> sehr hilfsbereit <u>sein</u>.

Es <u>würde</u> ein Schwimmbad <u>geben</u>.
Es <u>würde</u> keine Regeln <u>geben</u>.

ONLINE

Head to www.brightredbooks.net for a reading passage.

DON'T FORGET

Man can be translated in several ways: one/you/people.

VIDEO LINK

Check out the videos about a school in Namibia and a favourite teacher at www.brightredbooks.net

ONLINE TEST

Test yourself on this topic at www.brightredbooks.net

FUTURE PLANS — ZUKUNFTSPLÄNE

In this section, you will learn to talk about future plans and whether you plan to go on to further education or do an apprenticeship.

ACTIVITY: LISTENING: FUTURE PLANS

Listen to eight students talk about their future plans. Write down in English what they say.

ONLINE

Go to the revision section for this topic at www.brightredbooks.net and find the answers to the above activity on future plans. How many did you get right?

TALKING ABOUT THE FUTURE

When talking about your future plans, you will need to use the future tense. Use *Ich werde* at the start of the sentence and the infinitive at the end.

Beispiel:
> Ich werde eine Weltreise machen.
> Ich werde Australien und Asien besuchen.

Now it is time to develop your language skills even further.

Beispiel:
> vor/haben   to intend to

You can use this separable verb to create more complex sentences. The prefix goes to the end of the clause, and you put *zu* before the infinitive.

Beispiel:
> Ich habe vor, ein Gap Jahr zu machen.   *I intend to do a gap year.*
> Ich habe vor, bei einer internationalen Firma zu arbeiten.   *I intend to work for an international company.*

You could use a *wenn* clause. You will end up with a verb, comma, verb situation.

Beispiel:
> Wenn ich meine Prüfungen bestehe, werde ich zur Uni gehen. – *If I pass my exams, I will go to university.*

This is a good opportunity to use time phrases and show the word-order rule. The verb must always come in second place.

DON'T FORGET

Both Writing papers offer you the opportunity to show the grammar points you have been learning in class.

Beispiel:
> In der Zukunft werde ich eine Lehre machen.
> In zwei Jahren werde ich mir eine Stelle suchen.

ACTIVITY: LISTENING: STUDIUM ODER BERUFSAUSBILDUNG?

Listen to the text and answer the questions in English.

1 Which option is the most popular in Germany at the moment?

2 What option would Doris go for? Give at least three reasons for this.

3 Why is Max against doing an apprenticeship?

4 Why is he in favour of studying at university?

contd

 **ACTIVITY** READING: ABITUR IN DER TASCHE. WIE GEHT DAS LEBEN WEITER?

Read the passage below and summarise in English the main points made. The text lists six advantages and four disadvantages of studying at university.

Nach dem Abitur sind viele Schulabgänger erst einmal planlos. Soll ich ein Studium oder eine Berufsausbildung machen? Hier werden die Vorteile und Nachteile eines Universitätsstudiums diskutiert.

Die Vorteile eines Universitätsstudiums:

1 **Ein Studium eröffnet zahlreiche Karriereoptionen**
Es gibt hunderte Studien in den unterschiedlichsten Fachbereichen. Von A wie Architektur bis Z wie Zahnmedizin kannst du dich auf viele verschiedene Berufe vorbereiten.

2 **Gute Aufstiegschancen**
In den meisten Unternehmen ist es üblich, Führungspositionen vorwiegend mit Akademikern zu besetzen.

3 **Die Verdienstmöglichkeiten als Akademiker sind besser**
Zahlreiche Umfragen zeigen, dass Absolventen eines Studiums im Verlauf ihres Berufslebens besser verdienen als Arbeitnehmer ohne Studium.

4 **Seltenere Arbeitslosigkeit**
Sämtliche Studien belegen es – Menschen mit Studienabschluss haben ein geringeres Risiko, arbeitslos zu werden, als Leute mit niedrigeren Bildungsabschlüssen.

5 **Ein Studium macht selbständig**
Sich in einer neuen Stadt zurecht finden, die erste eigene Wohnung beziehen oder auch dafür sorgen, dass man immer genug saubere Wäsche im Schrank hat – all das sind Aufgaben, die einen in der Studienzeit erwarten. Dazu kommt das eigenständige Lernen für Klausuren und die gesamte Studienorganisation – in einem Studium lernst du, dich selbständig zu organisieren.

6 **Ein Studium macht Spaß**
Neue Leute kennenlernen, feiern, ein Semester im Ausland verbringen – nie mehr wirst du so viel Freiheiten und Freizeit haben wie im Studium. Nicht umsonst bezeichnen viele Erwachsene ihre Studienzeit als eine der besten im Leben.

Die Nachteile eines Universitätsstudiums:

1 **Hohe Kosten**
Nicht nur eventuelle Studiengebühren sind ein erheblicher Kostenfaktor – man muss auch die Lebenshaltungskosten bezahlen. Schätzungen zufolge braucht ein Student etwa zwischen 600 und 1.050 Euro im Monat. Man startet oft mit Schulden ins Berufsleben.

2 **Disziplin ist gefragt**
Ein Studium eröffnet zwar viele Freiheiten, aber die Kehrseite der Medaille ist, dass an der Uni nur diejenigen Erfolg haben, die auch ohne Druck von außen diszipliniert arbeiten können.

3 **Wenig Praxisbezug**
Die theoretische Ausbildung an der Uni bietet zwar höchste Qualität – wie und wo man sein Wissen in der Praxis anwenden kann, vermitteln die meisten Studiengänge jedoch nicht. Oft führt der Weg in die Berufswelt für junge Akademiker über schlecht bezahlte Praktika, Volontariate oder Trainee-Programme.

4 **Häufig Schwierigkeiten beim Berufseinstieg**
An Universitäten wird sehr spezielles Wissen vermittelt. Einen Betrieb zu finden, der die Fähigkeiten und Kenntnisse braucht, ist oft nicht so einfach und kann manchmal mehrere Jahre dauern.

 ACTIVITY LISTENING: EINE DUALE BERUFSAUSBILDUNG

Listen to the text about a special type of study opportunity, and answer the questions in English.

1 Explain what makes a *duale Berufsausbildung* different from other courses.
2 What four reasons are given why you should do this type of course?

 THINGS TO DO AND THINK ABOUT

Based on the vocabulary you have gathered in this section, prepare a short essay (120–150 words) on the topic.

Was sind deine Pläne für die Zukunft? Möchtest du zur Uni gehen? Oder möchtest du lieber eine Berufsausbildung machen?

FOREIGN LANGUAGES — FREMDSPRACHEN

In this section, you will learn to talk about the importance of learning a foreign language and why German is a good choice.

ONLINE

How many languages can you list in German? Head to www.brightredbooks.net to see some examples. Can you list any others?

DON'T FORGET

In German, *seit* is used to say how long you have been doing something. Notice the different tenses used in German and English. German uses the present tense (*ich lerne*) but English uses the past continuous tense ('I have been learning').

KEY VOCABULARY

Here are some important words to get you started on the topic of language learning.

die Muttersprache	mother tongue
die Fremdsprache	foreign language
Sprachkenntnisse	knowledge of languages
verbessern	to improve
beherrschen	to master
fließend sprechen	to speak fluently

A common topic in the short essay is the importance of learning a foreign language. You can use and adapt the following phrases to write an interesting essay.

 **ACTIVITY: TRANSLATION: LEARNING LANGUAGES**

Try translating the sentences into English. This will help you prepare for any Listening task on the topic.

1 In meiner Schule kann man Französisch, Deutsch und Spanisch lernen.

2 Ich lerne seit fünf Jahren Deutsch.

3 Viele Schüler lernen Deutsch, weil die Aussprache für die Schotten einfacher ist. Deutsch ist eine wichtige Sprache für die Arbeitswelt, besonders Tourismus. Die meisten Touristen, die Schottland besuchen, kommen aus Deutschland.

4 Manche Schüler lernen lieber Französisch, weil es eine romantische Sprache ist.

5 Spanisch wird immer beliebter. Spanien ist immer noch das Lieblingsurlaubsland.

6 Ich finde Fremdsprachen/die Grammatik/die Aussprache schwierig/einfach, nützlich/wichtig, unmöglich/hochinteressant.

7 Ich finde es schwierig die ganzen Vokabeln, Verben und Zeiten zu lernen. Ich kenne die Grammatik in Englisch gar nicht.

8 Um eine Sprache zu lernen ...

  a höre ich Radio.

  b sehe ich Videos an.

  c höre ich Musik.

  d mache ich Übungen online.

  e lese ich Zeitschriften und Zeitungen.

9 Um eine Sprache zu beherrschen, muss man die Vokabeln auswendig lernen.

10 Manche Wörter sind schwierig zu lernen. Ich erfinde Eselsbrücken.

11 Ich versuche, jeden Abend Vokabeln zu lernen.

12 Wenn ich ein Wort im Kopf nicht behalten kann, schreibe ich das Wort auf eine Karteikarte auf.

13 Meiner Meinung nach muss man mindestens ein Jahr im Land verbringen, um die Sprache fließend zu sprechen. Man muss sich jeden Tag mit den Leuten unterhalten.

 **ACTIVITY: LISTENING: REASONS FOR LEARNING ANOTHER LANGUAGE**

What reasons do these ten people give for learning a foreign language?

ACTIVITY: READING: DEUTSCHPFLICHT AUF DEM SCHULHOF

Read the passage on page 37, then answer the questions in English.

contd

Auf dem Weg zur Herbert-Hoover-Oberschule in Berlin unterhalten sich die Jugendlichen neben Deutsch auch in vielen anderen Sprachen. Denn viele von ihnen stammen aus türkischen, arabischen und russischen Familien. Sobald sie die Schule betreten haben, sprechen sie jedoch nur noch Deutsch miteinander. Andere Sprachen sind – außer im Fremdsprachenunterricht – auf dem gesamten Schulgelände, bei Ausflügen und sogar bei Klassenfahrten verboten.

Die Hausordnung verpflichtet alle Jugendlichen dazu, in der Schule nur noch Deutsch miteinander zu reden. Die Idee zu dieser Vereinbarung hatten die Lehrer, da das Gewirr der vielen verschiedenen Sprachen dazu geführt habe, dass sich Lehrer und Schüler und auch die Schüler untereinander manchmal kaum noch verständigen konnten.

Die Regelung soll gerade ausländischen Schülern dabei helfen, ihre Deutschkenntnisse zu verbessern. Denn zu Hause und untereinander sprechen viele von ihnen nicht Deutsch, sondern die Sprache des Landes, aus dem ihre Familien stammen.

Die Argumente der Deutschpflicht-Befürworter lauten wie folgt: Wer sich nur sehr schlecht auf Deutsch ausdrücken kann, hat nicht nur in der Schule große Probleme, sondern auch später bei der Suche nach einem Ausbildungsplatz. Wer keinen Ausbildungsplatz findet, der kann keinen Beruf lernen, und wer keinen Beruf erlernt hat, verdient kein oder nur sehr wenig Geld. Die Deutschpflicht auf dem Schulhof könnte also dazu beitragen, ausländischen Schülern den Zugang in die deutsche Gesellschaft zu ermöglichen.

Wer sich nicht auf Deutsch unterhält, wird ermahnt, aber nicht bestraft. Aber Eric von Dömming, der die zwölfte Klasse besucht, ist gegen die Deutschpflicht. „Eine solche Regelung schränkt die Persönlichkeitsentfaltung ein", argumentiert er. Jeder Mensch müsse das Recht haben, seine eigene Sprache zu sprechen und damit groß zu werden. Mit einem Sprach-Verbot werde die multikulturelle Vielfalt unserer Gesellschaft eingeschränkt.

1 When is it forbidden to speak in a foreign language? (1)

2 Why was the decision taken to ban all other languages other than German? (2)

3 What are the arguments in favour of the German-only rule? Give two details. (2)

4 What are the arguments against the German-only rule? Give two details. (2)

ACTIVITY: LISTENING: SAMUEL IST ZWEISPRACHIG

Samuel talks about how being bilingual has impacted on his life. Listen to the text, then answer the questions in English.

1 Why does Samuel have two mother tongues? (2)

2 Which of the two languages does he speak better? What reason does he give for this? (2)

3 When does he use the two languages? (3)

4 When does his father speak to him in German? (2)

5 What does the English teacher do to make things fair in the classroom? (1)

6 Why does he now enjoy the English lesson more? (1)

ACTIVITY: TRANSLATION: WARUM DEUTSCH LERNEN?

Translate into English these five reasons for learning German.

1 Innerhalb der Europäischen Union sprechen die meisten Menschen Deutsch als Muttersprache (viel mehr als Englisch, Spanisch oder Französisch).

2 Es ist eine wichtige Handelssprache in Zentral- und Osteuropa. Deutschland ist das zweitgrößte Exportland der Welt.

3 Die deutsche Wirtschaft befindet sich in Europa auf Platz eins und weltweit auf Platz vier.

4 Deutsch ist weltweit die am zweithäufigsten genutzte Sprache im wissenschaftlichen Bereich.

5 Achtzehn Prozent der Bücher auf der Welt werden in Deutsch veröffentlicht.

VIDEO LINK

Learn more about languages by watching the clips at www.brightredbooks.net

ONLINE TEST

Test yourself on this topic at www.brightredbooks.net

THINGS TO DO AND THINK ABOUT

Using the ideas and phrases you have been working on in this section, write a short essay (120–150 words) on the topic of language learning.

Welche Sprachen lernst du? Findest du es wichtig, eine Fremdsprache zu lernen? Wie lernst du eine Sprache?

EMPLOYABILITY

PROFESSIONS — BERUFE

In this section, you will learn about a range of jobs as well as how to talk about which career you would like and why.

ACTIVITY: LISTENING: WHAT KIND OF WORK ARE YOU LOOKING FOR?

Listen to these 12 students talk about what kind of work they are looking for. Write down the students' requirements in English. You could also go back to the revision page and choose a suitable profession for each of the students from the list.

ONLINE

Complete the activities at www.brightredbooks.net to revise the professions.

ACTIVITY: READING: WELCHE BERUFE SIND BEI DEN JUGENDLICHEN BELIEBT?

Read the German text about the types of jobs German teenagers are interested in, then answer the questions in English.

Laut dem Ergebnis der Schülerbefragung des Marktforschungsunternehmens Trendence zeigen die Mädchen von heute noch immer erschreckend wenig Interesse für technische Berufe. Sie träumen von einer Ausbildung im Sozialen, in den Bereichen Gesundheit und Pflege, Erziehung oder Design.

Bei den Jungen dagegen stehen, getreu allen Klischees, der technisch-mechanische Bereich, Bau und Handwerk, Polizei und Verteidigung sowie Informatik ganz oben auf der Wunschliste für eine Lehrstelle.

Trendence hat über 10.000 Schüler der Klassen 8 bis 12 online nach ihren Interessen und Berufsplänen befragt. Die Polizei ist der mit Abstand beliebteste Arbeitgeber in Deutschland. Auf den Plätzen zwei bis vier folgen, wie bereits im Vorjahr, ProSieben, die Bundeswehr und BMW.

Im Aufschwung waren Tourismusunternehmen wie die Deutsche Lufthansa oder die Hotelkette Hilton. Einbußen gab es dagegen bei Modefirmen wie Adidas oder Hugo Boss. Auch Stellen bei Banken und Finanzdienstleistern bleiben unbeliebter als vor der Finanzkrise.

Eine Entwicklung muss den Arbeitgebern besonders Sorgen machen: Nie wollten weniger Schüler ein Ingenieursstudium aufnehmen als heute. Schon jetzt fehlen in Deutschland Schätzungen zufolge über 100.000 Ingenieure.

Die Deutsche Bahn kletterte von Rang 46 auf Rang 25 und war für 2,6 Prozent der Befragten ihr Traumarbeitgeber. Mit dem Slogan „Kein Job wie jeder andere" schaltete die Bahn Fernsehspots, machte Werbung an Schulen und Universitäten, auf Messen und im Internet.

Nur 22 Prozent der Befragten waren der Meinung, dass die Netzwerkplattform Facebook eine gute Quelle zur Berufsinformation sei. Auffällig ist auch, wie wenige Schüler sich gut auf ihre Zukunft vorbereitet fühlen. Jeder zweite Gymnasiast wünscht sich von seiner Schule mehr Hilfe bei der Berufs- und Studienwahl.

DON'T FORGET

When you are tackling a Reading text, always try to understand the nouns first. They are easy to recognise, as all nouns in German have a capital letter.

Make notes under each of the following headings:
- the five sectors in which girls look for work
- the six sectors on the boys' wish list
- the two sectors becoming more popular
- the two sectors becoming less popular
- the sector suffering most and why
- why the German Railway company has become so popular
- how well prepared young people feel about choosing a career.

contd

ACTIVITY: READING: BERUFSBERATUNG – CAREERS ADVICE

The following extracts are taken from a German careers information booklet. Read the passages, then answer the questions in English.

Welcher Beruf ist für dich richtig? Hast du dir diese Berufe überlegt?

A: Berufe mit Tieren

Biologie war in der Schule dein Lieblingsfach und dein Zimmer sieht aus wie ein Zoo? Dann bist du bestimmt sehr tierlieb und solltest deine Leidenschaft zum Beruf machen!

Die Ausbildung zur Tierarzthelferin oder zum Tierpfleger ist in Deutschland relativ beliebt. Als Tierarzthelferin ist viel Sensibilität und Leidenschaft gefragt. Du trägst große Verantwortung für das Leben der Tiere. Wenn der Tierarzt chirurgische Eingriffe durchführt, bist du davor und danach für das Tier verantwortlich. Wenn dich weniger der medizinische, sondern eher der Betreuungs-Part interessiert, solltest du den Beruf des Tierpflegers ergreifen. Als Tierpfleger arbeitest du in Zoos, Tierheimen oder Tierparks und kümmerst dich um die Haltung, Ernährung sowie Pflege der Tiere.

1 What kind of person would be interested in these jobs?
2 Which two jobs are suggested?
3 Give two facts about each job.

B: Berufe mit Sport

Wenn du niemals das Haus ohne Sportschuhe verlässt und deine Freizeit lieber auf dem Sportplatz als zu Hause auf der Couch verbringst, dann stellt sich hier nur eine Frage – warum nicht das Hobby zum Beruf machen? Bei Berufen mit Sport denkt man bestimmt als erstes an den Sport- und Fitnesskaufmann. Als Sport- und Fitnesskaufmann arbeitest du in einem Sportverein oder Fitnessclub. Du erstellst Verträge, bearbeitest Rechnungen oder organisierst (Sport-) Veranstaltungen.

Willst du in deinem Beruf mit Sport lieber selbst die Sportschuhe anziehen, dann könnten die Berufe Physiotherapeut oder Fitnesstrainer genau das Richtige für dich sein. Doch auch als Fitnesstrainer ist reine Sportlichkeit nicht genug. Du musst andere motivieren und anspornen. Besonders viel Feingefühl brauchst du als Physiotherapeut, denn deine Kunden wollen nicht nur fit, sondern gesund werden.

1 What kind of person might be interested in this line of work?
2 Mention three jobs discussed, and give a fact about each one.

ACTIVITY: LISTENING: EIN INTERESSANTER BERUF

Listen to Dorothea talk about her interesting job, then answer the questions in English.

1 Where does Dorothea work? (1)
2 Who are her customers? (2)
3 What qualifications and training does she have? (3)
4 What does she like about her job? (3)
5 What is the main disadvantage? Why does she need to do it? (3)
6 What chores does she have to do? (2)
7 How is food delivered to the cabin? (3)
8 What qualities do you need for the job? (3)

THINGS TO DO AND THINK ABOUT

Note the following useful grammar point. If a sentence starts with *es ist* followed by an adjective, it ends with *zu* and the infinitive.

Es ist wichtig, den richtigen Beruf zu finden.   *It is important to find the right job.*

Es ist nötig, die richtigen Eigenschaften zu haben.   *It is necessary to have the right qualities.*

Es ist schwierig, einen guten Lebenslauf zu schreiben. *It is difficult to write a good CV.*

 ONLINE TEST

Test yourself on this topic at www.brightredbooks.net

JOB INTERVIEWS – DAS VORSTELLUNGSGESPRÄCH

In this section, you will learn to talk about the qualities and skills you can bring to a job as well as what employers are looking for in new recruits. You will also gain some tips as to how to prepare for an interview.

KEY VOCABULARY

Here are some important words to get you started on the topic of job interviews.

die Eigenschaft	quality
die Fähigkeit	ability
gute Kenntnisse haben	to have good knowledge
die Kompetenz	competence
die Fertigkeit	skill
der Lebenslauf	CV
der Arbeitgeber	employer
Fragen stellen	to ask questions
der Eindruck	impression

ACTIVITY: READING: WELCHE EIGENSCHAFTEN UND FÄHIGKEITEN SUCHEN ARBEITGEBER?

Read the German text about the qualities and skills employers are looking for, then answer the questions in English.

Die besten Chancen auf einen Arbeitsplatz hat ein teamfähiger und innovativer Bewerber, der qualifiziert und motiviert ist – das ergibt eine Studie der Job-Suchmaschine Adzuna. Dazu wurden in über zwei Millionen Stellenanzeigen in elf verschiedenen Ländern die häufigsten Begriffe untersucht. In deutschen Jobanzeigen wurden vor allem Charaktereigenschaften und zwischenmenschliche Fähigkeiten gesucht: flexibel sollten die Bewerber sein, kommunikativ und dynamisch. Begriffe wie „Fachwissen" erwähnten nur 1,6 Prozent aller Anzeigen. Die Entwicklung in Richtung Soft Skills ist in Deutschland jedoch branchenabhängig. Vor allem in der Gesundheitsindustrie sind sie wichtig – die Arbeitgeber suchen hier vor allem nach „motivierten Bewerbern mit Kundenfokus und teamfähigen Mitarbeitern mit organisatorischem Talent".

Im Finanzwesen und in der IT-Branche kommt es der Untersuchung zufolge vor allem auf Fachwissen an. Hier suchten die Arbeitgeber oft mit den Schlagworten „analytisches Denken" oder fragten nach technischen Fähigkeiten.

Der internationale Vergleich zeigt, dass die Wortwahl in Deutschland relativ ausgewogen ist zwischen fachlicher Qualifikation und Soft Skills.

In Brasilien oder Russland ist Arbeitgebern der Untersuchung zufolge Fachwissen deutlich wichtiger. Im Gegensatz dazu wünschen sich Arbeitgeber in Großbritannien Mitarbeiter, die viele Soft Skills mitbringen.

1 According to the Adzuna survey, what qualities are required to get a job? (2)

2 What did the researchers of the study consult to get their findings? (2)

3 What did German job adverts look for? Mention any three things. (3)

4 What qualities is the health sector looking for? Mention any two things. (2)

5 What qualities are looked for in the IT and finance sectors? Mention any two things. (2)

6 According to the survey, what do employers in Brazil and Russia find important? (1)

contd

 **ACTIVITY: DICTIONARY SKILLS**

Practise your dictionary skills and work out the English meanings of the following qualities and skills.

1 Belastbarkeit
2 Handlungskompetenz
3 Anpassungsfähigkeit
4 Verantwortungsbereitschaft
5 Menschenkenntnis
6 Selbstbeobachtung
7 Aufgeschlossenheit
8 Eigeninitiative

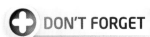 **DON'T FORGET**

German is known for having many long words! Some of them can be easily found in the dictionary. Others, however, require a bit more effort to work out – long words are often compound nouns, and to find the meaning you need to divide the noun back up into its individual parts.

GRAMMAR: RECOGNISING THE PASSIVE VOICE

Most sentences are in the active voice, where someone or something <u>carries out</u> the action. The passive voice is used to describe an action <u>being carried out</u> to someone or something. The passive is formed as follows:

The appropriate tense of the verb *werden* + past participle of the verb

To show the person or thing that carries out the action, *von* + the dative is normally used:

Active	Die Firma erwartet Pünktlichkeit.	*The company expects punctuality.*
Passive	Pünktlichkeit wird von der Firma erwartet.	*Punctuality is expected by the company.*
Active	Der Arbeitgeber wünscht Flexibilität.	*The employer wants flexibility.*
Passive	Flexibilität wird von dem Arbeitgeber gewünscht.	*Flexibility is wanted by the employer.*
Active	Das Unternehmen verlangt Teamfähigkeit.	*The company demands the capacity to work in a team.*
Passive	Teamfähigkeit wird von dem Unternehmen verlangt.	*The capacity to work in a team is demanded by the company.*

ACTIVITY: TRANSLATION: SIEBEN TIPPS FÜRS VORSTELLUNGSGESPRÄCH

Translate into English the following seven tips about how to be successful at an interview:

1 Bleib natürlich und erzähle von dir, beantworte die Fragen ehrlich.
2 Sprich deutlich und nicht zu schnell.
3 Du darfst während des Gesprächs lächeln!
4 Wenn du etwas nicht richtig verstanden hast, darfst du das sagen und nachfragen.
5 Hör aufmerksam zu und schau dein Gegenüber an.
6 Stell Fragen! Zum Beispiel: Wo wirst du eingesetzt im Betrieb? Wie groß ist der Betrieb? Wie hoch ist der Lohn während der Ausbildung?
7 Sag am Ende des Gesprächs nochmals, wie sehr du dich über die Lehrstelle in genau diesem Betrieb freuen würdest.

 DON'T FORGET

Watch out for separable verbs - remember that the prefix is separated off and goes to the end of the phrase. For example: *ein/auf/zu.*

 ACTIVITY: LISTENING: INTERVIEW QUESTIONS

For each of these interview questions in German, can you work out the equivalent question in English?

 ONLINE

Head to www.brightredbooks.net for a great activity on writing a CV and a reading task about the interview process.

 THINGS TO DO AND THINK ABOUT

Command forms

We use command forms to tell people to do things.

When talking to someone you address as *du*, take the *du* part of the present tense, then drop the word *du* and the *-st* ending:

Du stellst

Stell gute Fragen! *Ask good questions!*

Du sprichst

Sprich deutlich! *Speak clearly!*

When talking to one or more people you address as *Sie*, you simply turn the words around:

Sie tragen

Tragen Sie schicke Kleider! *Wear smart clothes!*

VIDEO LINK

Watch the clip about dreams and wishes at www.brightredbooks.net

PART-TIME JOBS — NEBENJOBS

In this section, you will learn about a range of part-time jobs and how to describe them.

⚙ ACTIVITY: LISTENING: PART-TIME JOBS

Are the following students for or against having a part-time job? Write *für* or *gegen* for each one, and say why.

⚙ ACTIVITY: MEIN NEBENJOB

Copy out the text, completing each space with a word from the box below. Now listen to the text and check your answers.

Ich habe 1 _____ Nebenjob. Ich möchte 2 _____ verdienen und 3 _____ sammeln. Es ist auch ein Pluspunkt für den 4 _____.	Ich 8 _____ die Kunden und ich fülle die 9 _____ aus. Manchmal arbeite ich an der 10 _____. Ich 11 _____ acht Euro pro 12 _____. Die 13 _____ gefällt mir gut, weil es gut 14 _____
Ich arbeite 5 _____ Donnerstagabend und am Samstag von neun Uhr 6 _____ achtzehn Uhr.	ist. Ich 15 _____ mich gut mit meinen Kollegen. Sie sind 16 _____ und verständnisvoll. Der Chef ist streng aber er gibt gute Ratschläge.
Ich 7 _____ in einem Sportgeschäft.	

arbeite	einen	hilfsbereit	am
Berufserfahrung	bis	Stunde	Geld
bezahlt	Lebenslauf	Kasse	verstehe
verdiene	Arbeit	Regale	bediene

📖 ACTIVITY: READING: WER SUCHT EINEN NEBENJOB?

Read the passage about the kinds of people looking for part-time jobs, then answer the questions on page 43 in English.

Neues Handy oder Notebook, Kleidung, der wohlverdiente Jahresurlaub oder sogar der Autokauf – mit einem Nebenjob lassen sich nicht nur kleine Wünsche erfüllen. Doch weil Geld allein bekanntlich nicht glücklich macht, gibt es noch eine ganze Menge anderer guter Gründe, um nebenbei Geld zu verdienen. Ein Nebenjob kann das Selbstwertgefühl steigern und macht zwischenmenschliche Kommunikationsmöglichkeiten möglich.

Für Schüler gibt es jede Menge Argumente für, aber auch gegen Nebenjobs, wobei die zeitliche Belastung wahrscheinlich das stärkste Contra-Argument darstellt. Wer zur Schule geht und das Arbeitsleben noch nicht kennengelernt hat, kann mit einem Minijob wichtige Erfahrungen für den Berufseinstieg sammeln. Schüler, die schon nebenbei gearbeitet haben, können meist besser einschätzen, was sie beruflich machen möchten bzw. was sie gar nicht machen möchten. Vielleicht finden sie auf diese Weise auch bereits den Einstieg ins Unternehmen und erleichtern sich die Bewerbung um einen Ausbildungsplatz oder ein duales Studium im Unternehmen. Ein Nebenjob stärkt das Verantwortungsbewusstsein und die Selbständigkeit. Aber nicht nur Schüler oder Studenten suchen einen Nebenjob.

Für viele Rentner geht es um mehr als nur den Zusatzverdienst

In den vergangenen Jahren wollen immer mehr Rentner weiterarbeiten. Doch nicht alle Senioren, die noch arbeiten gehen, machen das aus Geldgründen. Viele ältere Menschen möchten eine Aufgabe haben und sich auf diese Weise nach wie vor nützlich fühlen. Bei Rentnern, deren Partner noch arbeitet, hat ein Nebenjob den Zusatzeffekt, dass der Tag sich leichter verplanen lässt.

Der Nebenjob als Einstieg in den Hauptjob

Arbeitspause für die Kindererziehung, aus Krankheitsgründen oder weil man arbeitslos wurde – es gibt unterschiedliche Anlässe, warum Menschen längere Zeit nicht am Arbeitsleben teilgenommen haben. Wer länger nicht gearbeitet hat, findet meist nicht so einfach den Wiedereinstieg in einen Hauptjob wie jemand, der nur kurz pausiert hat.

contd

1 What sorts of things do people want money for? Mention three things.   (3)
2 Apart from money, what are the other advantages of having a part-time job?   (2)
3 What is the main disadvantage for students of having a part-time job?   (1)
4 What are some of the advantages? Mention any three things.   (3)
5 Why do many pensioners still want to work? Mention two things.   (2)
6 Why might people have taken a career break and want to start off again with
   part-time work? Mention two reasons.   (2)

ACTIVITY: LISTENING: EIN UNGEWÖHNLICHER STUDENTENJOB

Listen to the text about an unusual part-time job, then answer the questions in English. Note that *der Schwarzfahrer* is someone who travels on public transport without buying a ticket.

1 Where does Mia work and what does she do?   (2)
2 When does she earn extra money? Give any three details.   (3)
3 Why does Mia need the money?   (1)
4 How much do people who travel without a ticket need to pay as a fine?   (1)
5 What happens if they refuse to give their name?   (1)

A good way to impress the markers in your exam is to use subordinating conjunctions.

The most important subordinating conjunctions you need to know are:

weil	because	bevor	before
wenn	when/if	nachdem	after
dass	that	ob	whether
obwohl	although	bis	until
während	while	sobald	as soon as

The clause that begins with the subordinating conjunction is a subordinate clause. The verb always goes to the end of a subordinate clause.

Ich habe einen Nebenjob, weil ich zusätzliches Geld brauche.
I have a part-time job because I need extra money.

Die Arbeit gefällt mir, obwohl die Aufgaben manchmal anstrengend sind.
I like the work, although the tasks are sometimes tiring.

Ich weiß, dass ein Nebenjob nützlich ist.
I know that a part-time job is useful.

Ich werde einen Job suchen, sobald ich die Schule verlasse.
I will look for a job as soon as I leave school.

Whenever the subordinate clause comes before the main clause, the sentence will have two verbs together in the middle, separated by a comma: a verb, comma, verb situation.

Wenn ich einen Nebenjob finde, werde ich selbständiger sein.
When I find a part-time job, I will be more independent.

Nachdem ich ein bisschen Geld verdient habe, werde ich mir ein Auto kaufen.
After I have earned a little money, I will buy a car.

THINGS TO DO AND THINK ABOUT

Translate the following sentences into German.

1 Before I go to university, I would like to travel.
2 As soon as I pass my school exams, I will travel to Spain.
3 I know that the exams are important.
4 While I am working, I am developing new skills.
5 I don't know whether I want to do an apprenticeship.

ONLINE

Head to www.brightredbooks.net for an activity on *Umfragen beantworten.*

VIDEO LINK

Check out the video about work at www.brightredbooks.net

ONLINE TEST

Test yourself on this topic at www.brightredbooks.net

DON'T FORGET

Don't forget that the word *weiß* has two meanings: be careful not to confuse *ich weiß* = 'I know' with the colour *weiß* = 'white'.

EQUALITY – GLEICHHEIT

In this section, you will build up your vocabulary on the topic of gender and equality at work.

ACTIVITY: LISTENING: MÄDCHEN ARBEITEN MEHR UND VERDIENEN WENIGER

Listen to the text about gender and work, and answer the questions in English.

1 What chores are girls expected to do? Mention two things. (2)
2 What happens to many girls at the age of seven or eight? (1)
3 What evidence is there to show that girls do more work in Nepal? (2)
4 What statistic is given to show the discrepancy in working hours between the genders in (a) Germany (b) Europe and the USA? (2)

DON'T FORGET

It is important to translate the possessive adjectives correctly: *mein* = my, *dein* = your; *sein* = his; *ihr* = her, *unser* = our, *ihr* = their.

KEY VOCABULARY

Here are some important words to get you started on this topic.

wählen	to vote
die Gleichberechtigung	equality/equal rights
das Grundgesetz	basic law/constitution
die Ungleichheit	inequality
benachteiligen	to put at a disadvantage/to discriminate against
die Frauenquote	quota for women
die Krippe/die Kita	creche, daycare centre

ACTIVITY: READING: EQUALITY AT WORK

Read the following passage about equality in the workplace, then answer the questions on page 45 in English.

In Deutschland sind Männer und Frauen vor dem Gesetz gleich – sie haben also dieselben Rechte und Pflichten. Es ist gerade einmal knapp 100 Jahre her, dass Frauen in Deutschland das Recht zu wählen erhielten, und erst vor knapp 60 Jahren wurde die Gleichberechtigung von Mann und Frau ins Grundgesetz der Bundesrepublik Deutschland aufgenommen. In den vergangenen Jahrzehnten hat sich die rechtliche Situation von Frauen wesentlich verbessert. Trotzdem gibt es nach wie vor Ungleichheiten zwischen Männern und Frauen – besonders im Beruf sind Frauen oft benachteiligt, und das nicht nur, wenn sie ein Kind haben.

Sehr viele Frauen können es sich heute nicht mehr vorstellen, nicht arbeiten zu gehen. Schließlich ist der Beruf auch eine Möglichkeit, die eigene Persönlichkeit zu entfalten, seine Interessen zu verwirklichen – und vor allem, finanziell von anderen Menschen unabhängig zu sein.

Frauen sind mittlerweile in so gut wie allen Bereichen der Berufswelt tätig, auch dort, wo einst nur Männer arbeiteten: Zunehmend gibt es bei der Bundeswehr auch Soldatinnen und immer mehr Frauen arbeiten in naturwissenschaftlichen und technischen Berufen oder in der Wirtschaft, wo früher so gut wie keine Frauen anzutreffen waren. Im Allgemeinen sind Frauen seltener in Führungspositionen zu finden.

Seit einiger Zeit gibt es in Deutschland eine sogenannte Frauenquote – das bedeutet, dass in bestimmten Bereichen Frauen bei gleicher Eignung bevorzugt eingestellt werden sollen, damit der Anteil von Frauen und Männern angeglichen wird. Das gilt nur für Stellen im öffentlichen Dienst – private Unternehmen können nach wie vor selbst darüber entscheiden, ob sie die Gleichstellung von Frauen im Berufsleben berücksichtigen und fördern oder nicht.

Es ist nämlich noch immer die Frau, die zumindest für eine gewisse Zeit aus dem Berufsleben ausscheidet – auch wenn es zunehmend Männer gibt, die nach der Geburt einen Teil der Kinderbetreuung übernehmen. Möchten Mütter schon bald nach der Geburt wieder anfangen zu arbeiten, ist es gar nicht so leicht, die richtige Betreuung für das Kind zu finden. Es gibt viel zu wenige freie Plätze in Krippen, wo sich auch um kleinere Kinder gekümmert wird. Wer nicht auf die Hilfe von Großeltern oder anderen zählen kann, steht vor einem großen Problem.

contd

1   What happened just 100 years ago? (1)

2   What do many women gain from going to work? Mention any two things. (2)

3   Mention any three sectors where women can now be increasingly found. (3)

4   Where are women rarely found? (1)

5   Explain what is meant by the *Frauenquote*? (2)

6   Where does this rule not apply? (1)

7   What problem do many women face when returning to work? (2)

 ## ACTIVITY: LISTENING: GIRLS' DAY

Listen to the text about Girls' Day, an event organised to encourage girls into more male-dominated lines of work, then answer the questions in English.

1   Where do Girls' Days take place? (2)

2   In which sectors are girls encouraged to take part? (3)

3   When did the initiative start? (1)

4   Where do the girls work? (3)

5   What do the girls gain from the workshops? Mention any three things. (3)

6   What have many women gained from the day? (1)

7   What is the most important result of Girls' Day? (1)

 ## THINGS TO DO AND THINK ABOUT

It is important to understand how the comparative and superlative of adjectives work, as they often appear in the Translation section.

The comparative form states that one person or thing has more of a particular characteristic than another. For most adjectives, you simply add *-er* to form the comparative.

Die Arbeit auf dem Feld in Afrika ist anstrengender für Mädchen. – Working in the field in Africa is more tiring for girls.

Some adjectives of one syllable add an umlaut. Look at the Grammar section for more examples.

Die Arbeitsstunden in unterentwickelten Ländern sind für Mädchen länger als für Jungen. – Working hours are longer for girls than boys in underdeveloped countries.

The superlative form states that one person or thing has the most of a particular characteristic. It is formed by placing *am ... -sten* around the adjective.

*Die Arbeit in den Fabriken ist **am** schwierig**sten**.* Work in the factories is the hardest.

Look at the following examples:

Mädchen arbeiten viel. – Girls work more.
Mädchen arbeiten mehr als Jungen. – Girls work more than boys.
Mädchen arbeiten am meisten. – Girls work the most.

Mädchen verdienen wenig Geld. – Girls earn little money.
Mädchen verdienen weniger Geld. – Girls earn less money.
Mädchen verdienen am wenigsten. – Girls earn the least money.

Translate the following sentences into German:

1   Physics is more difficult than Biology.

2   I get more homework in Physics.

3   I find Biology less interesting.

4   I like English the most.

5   The mountains in Germany are higher than in Scotland.

6   The Scottish mountains are the prettiest.

 ## VIDEO LINK

Check out the clip at www.brightredbooks.net for more on the topic of employability.

 ## ONLINE TEST

Test yourself on this topic at www.brightredbooks.net

WORK EXPERIENCE — ARBEITSPRAKTIKUM

In this section, you will learn how to talk about work experience you have done. This will also be useful if the Employability scenario comes up in the Directed Writing paper.

ACTIVITY: READING: REASONS FOR FINDING A WORK PLACEMENT

You often have to do work experience as part of a university course. Read the passage then, in English, summarise the seven reasons why you should do work experience. Try to avoid clumsy English expressions.

> Viele Studiengänge setzen inzwischen für den erfolgreichen Abschluss ein Praktikum voraus. Doch warum ist das Praktikum für die Karriere heutzutage fast schon Pflicht und was habe ich davon, außer einen Eintrag im Lebenslauf?
>
> Top 7 Gründe, warum du ein Praktikum machen solltest:
>
> 1 Lerne den Job aus nächster Nähe kennen, den du später gern machen würdest. So kannst du dir ein gutes Bild davon machen, was dich hier erwartet.
>
> 2 Was Du in der Uni gelernt hast, kannst du durch ein Praktikum in die Praxis umsetzen.
>
> 3 Kontakte, Kontakte, Kontakte – ein Praktikum ist deine Chance, dir ein Netzwerk aus Kollegen aufzubauen, die dir bei der Jobsuche von Nutzen sein können.
>
> 4 Dein Praktikum macht es dir möglich, einen Fuß in die Unternehmenstür zu bekommen. Das heißt, hast du einen sehr guten Job gemacht, erinnern sich Unternehmen gerne an dich zurück. So hast du bei einer späteren Jobbewerbung im Unternehmen auf jeden Fall einen enormen Vorteil.
>
> 5 Die Arbeitserfahrung aus dem Praktikum wertet deinen Lebenslauf auf. Du zeigst damit, dass du mehr als nur die Theorie aus der Uni beherrscht. Immer mehr Unternehmen legen besonderen Wert auf Praxiserfahrung.
>
> 6 Du wirst dir bewusst, welche Stärken du hast. Du bewältigst deine Aufgaben auch in Stresssituationen ohne Probleme und bist dabei auch zu deinen Kollegen freundlich. Diese Eigenschaften kannst du gleich aufschreiben.
>
> 7 Du baust deine eigenen Fähigkeiten aus. Mit jeder Aufgabe, die du bewältigst, lernst du wieder etwas dazu. Sei es die Verbesserung deiner Präsentationsstärke, die Weiterentwicklung eigener Softwareskills oder auch deine Teamfähigkeit.

DON'T FORGET

Remember that many of the past participles will be irregular. You should spend some time learning the verbs that change in the past participle. These verbs are listed in the Grammar section.

WRITING ABOUT WORK EXPERIENCE

One of the scenarios in the Directed Writing paper might be about work experience in Germany. In this essay, you will be expected to use the perfect and imperfect tenses. First refer to the Grammar section to remind yourself of the rules, then test your knowledge by doing the exercises below.

contd

ACTIVITY: PAST PARTICIPLES 1

Write out this paragraph in German, choosing the correct form of the past participle of the verb in brackets. In this section the verbs are all regular verbs.

Ich habe im Oktober ein Praktikum (machen). Ich habe in einem Büro (arbeiten). Ich habe Briefe (tippen) und ich habe Kaffee (kochen). Ich habe Emails (schicken). Ich habe im Internet (surfen). Ich habe Teamgeist (lernen). Ich habe Arbeitserfahrung (sammeln).

ACTIVITY: PAST PARTICIPLES 2

Write out this paragraph in German, choosing the correct form of the past participle of the verb in brackets. In this section the verbs have irregular past participles.

Im Oktober habe ich eine Woche in einem Geschäft (verbringen). Ich habe Emails (schreiben). Ich habe mit den Kunden (sprechen). Ich habe die Kunden (bedienen). Ich habe Papiere (kopieren). Ich habe Ausflüge (reservieren). Ich bin mit dem Bus zur Arbeit (fahren). Wenn das Wetter schön war, bin ich zu Fuß (gehen). Ich habe mein Selbstvertrauen (entwickeln). Ich bin selbständiger (werden).

You will also use the imperfect tense of *sein* for descriptions in the past.

Die Arbeit <u>war</u> abwechslungsreich.   The work was varied.

Mein Chef <u>war</u> streng.   My boss was strict.

Meine Kollegen <u>waren</u> hilfsbereit.   My colleagues were helpful.

Die Arbeitsstunden <u>waren</u> furchtbar.   The work hours were awful.

ACTIVITY: LISTENING: EMMA'S FIRST DAY AT WORK

Emma talks about her first day at work. Answer the questions in English.

1   When and where did Emma have her job interview? (2)
2   Why did the interview not go well? (2)
3   When does she work? (1)
4   What was the first mistake she made on her first day at work, and why? (2)
5   What was her first task? (1)
6   What mistake did she make while doing this? (1)
7   What then happened as a result of her impatient nature? (2)
8   What went wrong when she was tidying up? (2)
9   Why does she like her job? Give two reasons. (2)

ONLINE

Go to www.brightredbooks.net to find more listening exercises on this topic.

DON'T FORGET

Remember to read over the transcripts and pick up some ideas for the short essay.

THINGS TO DO AND THINK ABOUT

ONLINE TEST

Test yourself on this topic at www.brightredbooks.net

Now, using the vocabulary and grammar points you have been learning in this section, write a short essay (120–150 words) about your own work experience.

Hast du ein Praktikum gemacht? Hast du dich gut mit deinem Chef/deiner Chefin und mit deinen Kollegen verstanden? Würdest du ein Praktikum empfehlen?

CULTURE

WORKING ABROAD – IM AUSLAND ARBEITEN

In this section, you will read articles in which young Germans discuss the benefits of finding a work placement abroad or taking a gap year before or after university.

MOBILITY - MOBILITÄT

ACTIVITY: READING: AUSLANDSPRAKTIKUM

Both Lara and Tim chose to do a work placement abroad to improve their language skills and have something useful to put on their CV. Whose experience appeals to you more? Give several reasons for your answer, using information from the text.

Wer studiert, muss oft auch Praktika absolvieren. Warum nicht das Praktikum im Ausland machen und ein anderes Land kennenlernen? Zwei Studenten sprechen über ihre Erfahrungen.

Lara

Ich habe zwei Monate lang in einer Sprachschule in Madrid gearbeitet und habe viel Spaß gehabt. Ich habe meistens im Unterricht geholfen. Aber mit den Kleinen durfte ich selbst Unterricht geben. Sie waren so motiviert und haben viele Fragen über mein Leben in Deutschland gestellt. Die Studenten kamen aus vielen verschiedenen Ländern. Es war eine tolle Erfahrung für mich, Leute aus aller Welt kennenzulernen. Ich weiß jetzt viel mehr über andere Kulturen und Lebensweisen. Ich bin toleranter und aufgeschlossener geworden. Ich habe auch mein Selbstvertrauen entwickelt. Ich habe Deutsch, Englisch und Spanisch gesprochen. Ich habe gesehen, wie wichtig Sprachkenntnisse sind.

Tim

Ich habe im Marketing einer Universität in Canada gearbeitet und bei ihrer Zeitschrift mitgeholfen. Ich habe viele Informationen recherchiert und ein paar Texte für die Zeitschrift auf Englisch geschrieben. Meine Kollegen waren alle sehr geduldig und hilfsbereit. Sie haben alles gut erklärt. Sie haben mein Englisch korrigiert und ich habe gute Fortschritte gemacht. Ich habe meine Vokabeln erweitert und meine Aussprache verbessert. Ich bin einmal in der Woche ins Kino gegangen und ich habe versucht, jeden Tag einige Zeitungsartikel zu lesen. Meine Kollegen haben sich auch sehr für Deutschland interessiert. Sie wollten über alles mehr erfahren, besonders das Essen und das Bier natürlich.

DOING A GAP YEAR - EIN GAP YEAR MACHEN

ACTIVITY: LISTENING: A GAP YEAR

What reasons do these 12 school leavers give for choosing to do a gap year?

contd

ACTIVITY: READING: MEIN GAP YEAR

Read the German text and complete the tasks below.

Immer mehr Abiturienten entscheiden sich dafür, nach der Schule erst einmal ins Ausland zu gehen, um sich eine Auszeit zu gönnen. Das Gap Year ist so beliebt geworden, weil es jungen Menschen die Möglichkeit gibt, über ihre Träume und Ziele nachzudenken. Für viele, die heute nach dem Abitur gerade einmal 18 Jahre sind, kommt die Entscheidung über ihre weitere Zukunft einfach zu früh. Meist fühlen sie sich noch nicht bereit, diese weitreichende Entscheidung zu treffen. Sie brauchen erst einmal Zeit für sich.

Doch wie kann man diese Zeit nutzen? Welche Alternativen bieten sich? Hier sind drei Möglichkeiten, wie Sie Ihr Gap Year nutzen können.

Work and Travel

In ein fremdes Land fahren, dort Jobs finden und von dem Lohn reisen und das Land erkunden – so funktioniert Work & Travel. Beliebte Länder sind Australien, Neuseeland und Kanada. Doch ganz so einfach ist es nicht, denn die Jobs sind oft sehr anstrengend, wie z.B. Früchte pflücken.

Au-Pair

Ein Au-Pair unterstützt die Gastfamilie im Haushalt und kümmert sich um die Kinder. Als Gegenleistung dafür erhält man freie Kost und Unterkunft sowie ein kleines Taschengeld. In der Regel arbeitet man 30 Stunden pro Woche und hat Anspruch auf 1,5 freie Tage wöchentlich. Die Hauptaufgaben sind meistens Kinderbetreuung, Einkaufen, Kochen oder Putzarbeiten. Daneben besuchen die meisten Au-Pairs einen Sprachkurs.

Freiwilligendienste

Wer sich sozial engagieren und soziale Projekte unterstützen möchte, kann als Freiwilliger aktiv sein. Die Programme „Weltwärts" und „Kulturweit" bieten die Möglichkeit, sich beispielsweise in Tierheimen, Waisenhäusern oder Schulen zu engagieren. Das „Kulturweit" Programm ermöglicht es, auch in Auslandsbüros der UNESCO oder des Goethe-Instituts zu arbeiten.

Tasks

1 Why do many students choose to do a gap year?

2 Which of the three options would you choose? Explain your choice with reference to the text.

 THINGS TO DO AND THINK ABOUT

Expressing likes and preferences

Ich würde gern in Japan arbeiten.
I would like to work in Japan.

Ich würde lieber in Australien arbeiten.
I would rather work in Australia.

Am liebsten würde ich in den Vereinigten Staaten arbeiten.
Best of all, I would like to work in the USA.

It is most common to start the sentence with 'am liebsten', but the verb must still be in second place.

 DON'T FORGET

Writing about a gap year is a frequent topic in the short essay, as it comes up in Learning and Culture, so it is worth noting down some useful phrases.

 VIDEO LINK

Watch the clip at www.brightredbooks.net to find out about the Goethe institute in Namibia.

 VIDEO LINK

Check out the clip at www.brightredbooks.net for vocabulary on favourite places.

ONLINE TEST

Test yourself on this topic at www.brightredbooks.net

HOLIDAYS — DIE FERIEN

In this section, you will learn how to discuss why people like to go on holiday, why many Germans prefer to holiday in Germany and the advantages and disadvantages of holidaying with and without one's parents.

⚙ ACTIVITY: LISTENING: WHY GO ON HOLIDAY?

Why do these people like to go on holiday? Listen to the text and write down in English the 12 reasons given.

GRAMMAR

📖 ACTIVITY: READING: DO YOU KNOW YOUR PREPOSITIONS?

Copy out the German sentences, filling in the missing prepositions:

1 Ich fahre _____ Deutschland _____ der Hauptstadt Berlin.
2 Ich fahre _____ die Schweiz _____ Gebirge.
3 Ich fahre _____ die Türkei _____ Meer.
4 Wir fahren _____ Frankreich _____ Land.
5 Wir fahren _____ die Vereinigten Staaten _____ die Küste.
6 Ich fahre _____ Wien _____ Österreich.

Remember German word order:

1 when   2 with whom/how   3 where.

> **Beispiel:**
> Ich fahre (1) im Juli (2) mit meinen Eltern (3) nach Griechenland.
> Wir fahren (1) im August (2) mit dem Auto (3) nach Frankreich.

📖 ACTIVITY: READING: CORRECT THE ORDER

Put the words in the correct order to make three sentences.

1 fahre   im   der   ich   Österreich   Mai   mit   nach   Schule
2 mit   nach   fahren   im   dem   wir   Zug   März   Ungarn
3 den   mit   nach   fahre   in   meiner   Familie   ich   Dänemark   Sommerferien

⚙ ACTIVITY: TRANSLATION: HOLIDAYS WITHOUT PARENTS

Complete the translation of the following text by following the guided exercises.

Fill in the missing words in English:

DON'T FORGET ➕

Remember to use the correct word for 'my': *mit meinem Vater/mit meiner Mutter/mit meinen Eltern.*

Immer mehr Jugendliche wollen die Ferien ohne ihre Eltern verbringen. Viele Eltern werden nervös, wenn sie wissen, dass ihre Kinder allein in den Urlaub fahren wollen. Margit Hillert (42) aus Ahrensburg versteht, warum ihre Tochter und andere Jugendliche allein in den Urlaub fahren wollen. „Ich weiß, dass Teenager unabhängig sein wollen, und sie wollen auch lernen, eigene Entscheidungen zu treffen."

More and more _____ want to spend the _____ without their parents. _____ parents become nervous when they _____ that their children want to go on holiday _____. Margit Hillert (42) from Ahrensburg understands why her _____ and other teenagers want to go on holiday on their own. "I know that teenagers want to be _____ and they also want to learn to make their own _____."

contd

For the next section, fill in the missing phrases:

„Jugendliche verstehen gar nicht, wie teuer es ist, in einem Hotel Urlaub zu machen," sagt Anna Gebert aus dem Reisebüro in Bremen. Etwa 30 Prozent der Kundschaft in ihrem Büro sind junge Leute. „Schüler und Studenten nehmen meist einfache Reisen mit billigen Hotels oder Sonderangebote," sagt Frau Gebert.

"Teenagers _____ how expensive it is to holiday in a hotel," says Anna Gebert _____. Some 30 per cent of the customers in her office _____. "Pupils and students mostly go on simple trips _____ or _____", says Frau Gebert.

In this final section, fill in the missing clauses:

Welche Vorteile der Urlaub mit den Eltern hat, erkennen viele Jugendliche schnell. Die weite Fahrt, die teuere Unterbringung – alles zahlen die Eltern. Das findet Florian Link (18) toll und deswegen fährt er jedes Jahr in den Winterferien mit seinen Eltern in den Skiurlaub.

Many teenagers quickly recognise_____. The long journey, _____ – _____. Florian Link (18) thinks that is great and therefore _____.

ACTIVITY: READING: HOLIDAYS WITH PARENTS

Write down the headings **Ich fahre gern mit meinen Eltern in den Urlaub** (I like going on holiday with my parents) and **Ich fahre nicht gern mit meinen Eltern in den Urlaub** (I don't like going on holiday with my parents), then write the German sentences under the correct heading. Then translate these sentences into English.

- Meine Eltern geben mir viel Freiheit.
- Ich muss Ausflüge mit ihnen machen.
- Ich darf abends nicht spät ausgehen.
- Wir unternehmen viel zusammen.

- Ich verstehe mich gut mit meinen Eltern.
- Meine Eltern wollen immer die Sehenswürdigkeiten besichtigen.
- Ich darf nicht machen, was ich will.
- Meine Eltern sind sehr tolerant und verständnisvoll.

- Wir haben die gleichen Interessen.
- Wir streiten uns ständig.
- Meine Eltern bezahlen alles.
- Meine Eltern gehen mir auf die Nerven.
- Meine Eltern organisieren alles.

HOLIDAYS PAST AND PRESENT

It is important to be able to write about both a holiday you are going on this summer and a holiday you went on in a previous summer. Find vocabulary at www.brightredbooks.net.

ACTIVITY: JEDES JAHR/LETZTES JAHR

Write down the headings **jedes Jahr** (every year) and **letztes Jahr** (last year) and then write the correct sentences under each heading:

- Ich habe in einer Ferienwohnung gewohnt.
- Ich gehe zum Strand.
- Ich habe Volleyball am Strand gespielt.
- Das Wetter ist sehr warm.
- Ich fahre mit dem Wagen.
- Ich bin mit meiner Familie nach Spanien gefahren.
- Die Leute sind freundlich.
- Ich fahre mit meinen Eltern in die Türkei.

- Es hat Spaß gemacht.
- Abends gehe ich zum Freizeitpark.
- Ich bade im Meer.
- Ich habe einen Spaziergang gemacht.
- Das Essen war lecker.
- Ich fahre mit dem Schiff.
- Ich wohne in einem Zelt auf dem Campingplatz.
- Jeden Abend sind wir in die Disko gegangen.

 DON'T FORGET

The main thing the person marking your essays is looking for is that you have mastered verbs and tenses. You need to know how to form the present and past tenses correctly.

 VIDEO LINK

Check out the clips on Germany and on Bavaria at www.brightredbooks.net

 ONLINE TEST

Test yourself on this topic at www.brightredbooks.net

 THINGS TO DO AND THINK ABOUT

Use the knowledge you have gained in this section to write a short essay (120–150 words) about holidays.

Wohin fährst du dieses Jahr in den Urlaub? Fährst du gern mit deinen Eltern in den Urlaub oder nicht? Wo hast du deinen Lieblingsurlaub verbracht?

DO YOU HAVE THE TRAVEL BUG? — HAST DU REISELUST?

In this section, you will learn about what Germans think about spending holidays in Germany as well as how the Scottish tourist board advertises Scotland to German people.

ACTIVITY: READING: DEUTSCHLAND ALS REISEZIEL

Read the following text about Germans holidaying in Germany, then complete the tasks below.

Sie war die schönste Badewanne der Welt – die Ostsee bot alles, was Kinder glücklich macht: Sand, Strand, Wellen, Wasser, andere Kinder und Eisdielen. Man konnte Boot fahren, Ball spielen, Quallen werfen und im Meer baden. In den Strandkörben arbeiteten Erwachsene daran, tiefbraun zu werden. Nur – um Gottes willen – in der Schule durfte niemals erwähnt werden, dass man in den Ferien bloß an der Ostsee war. Die Ostsee galt als muffig und spießig, genau wie die Alpen, der Harz oder der Bayrische Wald. Urlaub im eigenen Lande war ein negatives Statussymbol. Man fuhr lieber gegen Süden nach Mallorca oder an irgendeine spanische Costa. Später kamen Thailand, die Karibik und die Malediven ins Reiseprogramm der Deutschen, Hauptsache weit weg. Wir wurden Weltmeister im Fernreisen und verloren das eigene Land aus den Augen. Spätestens seit der Fußballweltmeisterschaft 2006 hat sich das gedreht. Die Deutschen bekennen sich wieder zu ihrer Heimat, weil es hier so schön ist. Sie schauen sich vor der eigenen Haustür um und stellen fest: Was für ein Land!

Viele Spontanbucher entscheiden sich für Deutschland. Die kurze Anreise zum Urlaubsort (in den meisten Fällen nicht länger als 300 Kilometer) entlastet die Urlaubskasse gewaltig. Transport, Essen, Unterkunft und Ausflüge kosten in Deutschland pro Tag 90 Euro. Ihre Lieblingsziele im Ausland sind für die Deutschen meist teurer als das eigene Land. Die Heimatliebe der Deutschen ist nicht allein auf die Finanzkrise zurückzuführen. Die Deutschen finden Deutschland einfach ein traumhaftes Land.

Decide if the following statements are *richtig* (true) or *falsch* (false).

1 The Baltic Sea offered everything children needed to make them happy.
2 Adults liked to swim in the sea.
3 All the children boasted about going to the Baltic Sea.
4 The Germans preferred to go far away on holiday.
5 After the 2006 World Cup, Germans started to holiday in Germany again.
6 One of the main reasons for staying in Germany is that the accommodation is better.
7 For many Germans now, Germany is their dream country.

Find the German words for the following in the text:

1 beach
2 ice-cream parlour
3 jellyfish
4 wicker beach chairs
5 old-fashioned
6 homeland
7 excursions

DON'T FORGET

When used as an adjective, *einfach* means 'easy', but as an adverb it means 'simply'.

DON'T FORGET

The imperfect tense is used a lot in this article to talk about what people used to do. Go to the Grammar section to find out more about the imperfect tense.

ACTIVITY: READING: MATCH-UP

Can you recognise which infinitives these verbs in the imperfect tense come from? Match each verb to its correct infinitive.

1 bot
2 konnte
3 durfte
4 war
5 fuhr
6 kamen
7 wurden
8 verloren

a fahren
b verlieren
c bieten
d kommen
e werden
f können
g sein
h dürfen

Now write down what each infinitive means in English. You may need to use a dictionary.

contd

ACTIVITY: TRANSLATION: SCHOTTLAND ALS REISEZIEL

German people visit Scotland in large numbers each year. But what is it that attracts them?

The following phrases are adapted from a Scottish tourist-board brochure in German. Translate the phrases into English:

1 Schottland ist ein ausgezeichnetes Reiseziel.
2 Das Land hat viel zu bieten.
3 eine faszinierende Geschichte
4 wunderschöne Landschaften
5 eine sprühende Kultur
6 eindrucksvolle Berge
7 eine wilde, freie Natur
8 eine große Auswahl an Aktivitäten und Sehenswürdigkeiten

MY HOME TOWN – MEINE HEIMATSTADT

The following section will provide you with ideas as to what you can write about when describing your local area. You need to think about adjectival endings.

das Dorf (village) is a neuter word: *Ich wohne in einem kleinen, schönen Dorf, das Houston heißt.*

die Stadt (town) is a feminine word: *Ich wohne in einer mittelgroßen, historischen Stadt, die Renfrew heißt.*

It is important to know the gender of nouns. You can always check in the dictionary: (m) = masculine, *ein*; (f) = feminine, *eine*; and (nt) = neuter, *ein*.

Only the masculine form changes after the verb, that is in the accusative case:

Es gibt einen Bahnhof, eine Kirche und ein Schwimmbad.

Remember to check the plural forms of nouns too. Not all German nouns end in -s, as they do in English.

Beispiel:
Es gibt viele Parks, Schulen und Einkaufszentren.

To say what there is to do, use *man kann ...* (you can ...) with the infinitve at the end of the sentence.

Beispiel:
Man kann ins Kino gehen oder man kann im Restaurant essen.

If you want to impress the examiner, you could use:

Meine Stadt bietet viele Einkaufsmöglichkeiten und Unterhaltungsmöglichkeiten.
My town has lots of shopping facilities and entertainment facilities.

Or use a subordinate clause with *wo* = where.

Beispiel:
Es gibt viele Parks, wo man schön spazieren gehen kann.
Es gibt viele Geschäfte, wo man toll einkaufen gehen kann.

To say where you would rather live, you will need to use the conditional tense: *Ich würde ...*, with the infinitive at the end of the sentence.

Beispiel:
Ich würde lieber in einer Großstadt wohnen, weil es mehr zu tun gibt.

 **DON'T FORGET**

Always try to give a reason why you like or dislike something!

 VIDEO LINK

Watch the clip about beautiful places in Germany at www.brightredbooks.net

 ONLINE TEST

Test yourself on this topic at www.brightredbooks.net

 THINGS TO DO AND THINK ABOUT

Now try to write a short essay (120–150 words) about your local area and Scotland.

Wohnst du gern in deiner Heimatstadt? Wo würdest du am liebsten wohnen? Was kann Schottland Touristen bieten?

TOLERANCE — TOLERANZ

In this section, you will read texts and learn vocabulary about some important social and political issues in today's society.

ACTIVITY: READING: WELTKINDERTAG – EIN TAG FÜR DIE RECHTE DER KINDER

Read this article about child poverty and answer the questions in English.

Am 20. September feiern die Menschen in Deutschland und Österreich jährlich den Weltkindertag. Der Tag ruft in Erinnerung, dass alle Kinder ein Recht auf Fürsorge, Aufmerksamkeit und Förderung haben. Nicht nur in armen Ländern leben viele Kinder in Not und Armut und auch in Deutschland werden Kinderrechte oft nicht eingehalten.

UNICEF, das Kinderhilfswerk der Vereinten Nationen, hat den Tag für die Rechte der Kinder im Jahr 1954 ins Leben gerufen. Das Hilfswerk setzt sich für Kinder weltweit ein, deren Lage verbessert werden muss oder die in Not sind. Nicht überall findet der Weltkindertag am gleichen Datum statt – in den meisten Ländern fällt er auf den 20. November.

Allgemein macht der Weltkindertag jährlich darauf aufmerksam, dass Kinder Rechte haben und dass es vielen Kindern auf der Welt schlecht geht. Sie müssen für wenig Geld harte Arbeit verrichten, leiden unter Kriegen, Krankheiten oder müssen hungern. Vor allem in armen „Entwicklungsländern"

und Krisenregionen, aber auch in Deutschland, geht es vielen Kindern schlecht. In Deutschland wächst die Kluft zwischen den Kindern, etwa weil sie aus reicheren oder ärmeren Familien kommen oder ihre Familien unterschiedliche Nationalitäten haben.

Einige Menschen fordern deshalb, dass die Rechte der Kinder bei politischen Entscheidungen und Regelungen viel mehr berücksichtigt werden sollten. Die Welt wird von den Erwachsenen gestaltet, die oft kein Verständnis für die Bedürfnisse von Kindern haben – das fängt schon bei Einrichtungen, Freizeitmöglichkeiten, Spiel- und Sportplätzen für Kinder an.

In vielen armen Ländern – besonders in Afrika, Südamerika und Asien – kämpfen Kinder täglich ums Überleben. Sie haben zu wenig zu essen und zu trinken, müssen für einen Hungerlohn hart arbeiten – und viele von ihnen leben auf der Straße. Eine Menge Produkte, die man bei uns kaufen kann – zum Beispiel Spielzeug, Kleidung, Teppiche, Textilien und Lebensmittel – stammen aus

ausbeuterischer Kinderarbeit.

Manche der Kinder müssen sogar als Kindersoldaten in Kriege ziehen. Auch Kinderprostitution ist vor allem in armen Ländern weit verbreitet.

Aber sogar in der wohlhabenden Gesellschaft in Deutschland gibt es Kinderarmut. Die betroffenen Kinder können keine angesagte Markenkleidung tragen, haben keinen Computer und müssen auch auf sonstige Luxusartikel, die für viele andere selbstverständlich sind, verzichten. Ihre Eltern sind arbeitslos geworden oder verdienen mit ihren Jobs kaum Geld.

Einige Kinder bekommen zu Hause nicht einmal jeden Tag ein warmes Essen. Sie leiden meist im Stillen darunter – nicht selten sind sie Außenseiter und werden auch noch von anderen Kindern verspottet.

Das Motto des Weltkindertags ist „Kinder willkommen". Egal aus welchem Land sie kommen, Kinder haben ein Recht darauf, in ein Umfeld hineingeboren zu werden, das für sie sorgt, sie unterstützt, sie in ihrer Entwicklung fördert und ihre Bedürfnisse ernst nimmt.

1 What is the purpose of World Children's Day? (2)

2 What is UNICEF's main role? (2)

3 What are some of the difficult situations children face? Mention any two things. (2)

4 Where are children suffering? (3)

5 What are many people now demanding? (1)

6 What is happening in Africa, South America and Asia? Mention any two things. (2)

7 In what way could we be contributing to the situation? (2)

8 How does child poverty affect children in Germany? Mention any two things. (2)

9 How does this situation often affect their relationship with their peers? (2)

10 What is the meaning behind the motto for World Children's Day? Give any three details. (3)

IMMIGRATION

 **ACTIVITY** LISTENING: WIE VIELFÄLTIG IST DIE DEUTSCHE GESELLSCHAFT HEUTE?

Deutschland hat sich zu einem der attraktivsten Zielländer für Einwanderer entwickelt.

Germany is a popular country for immigrants. Where do they come from? Can you fill in the numbers?

1   There are _____ inhabitants in Germany.

2   _____ are immigrants.

3   _____ have German citizenship.

4   The biggest group of immigrants is from Turkey, with _____ people.

5   The next biggest group is the Polish, with _____ people.

6   _____ are immigrant workers from Italy.

ACTIVITY READING: WAS BEDEUTET INTEGRATION?

Lesen Sie einige Meinungen von jungen Leuten.

Summarise each person's view on immigration and integration in English.

Lena
Migranten bekommen doppelt so viele Kinder wie die einheimische Bevölkerung und in hundert Jahren werden wir Deutsche vermutlich die Minderheit sein. Zuwanderer besuchen Sprachkurse und kriegen Kindergeld und das alles muss vom Steuerzahler getragen werden. Wer in Deutschland lebt, sollte Deutsch können. Es gibt leider zu viele Migranten, die das verweigern.

Finn
Ich finde, die Migranten bemühen sich sehr um die Integration in Deutschland. Integration bedeutet nicht, sich komplett zu verändern, sondern ohne Probleme miteinander leben zu können. Die ausländischen Arbeiter leisten einen wichtigen Beitrag zur deutschen Wirtschaft. Dazu kommt die kulturelle Bereicherung. Im Kontakt mit Migranten kann man fremde Kulturen auf authentische Art kennenlernen. Aber das Problem ist, dass die Migranten oftmals nicht akzeptiert werden.

Jonas
Die Idee, dass Einwanderer unsere Kultur bereichern, finde ich naiv. Einerseits wollen sie zur deutschen Gesellschaft gehören, andererseits ist es nicht einfach, seine Wurzeln aufzugeben. Die Regierung prüft zur Zeit eine Maßnahme, durch die Einwanderer arbeiten und ihre Qualifikationen in Deutschland ausbauen dürfen – unter der Bedingung, dass sie nach einer bestimmten Zeit wieder in ihre Heimatländer zurückkehren. Dort können sie hoffentlich mit dem in Deutschland ersparten Geld ihren Lebensstandard erhöhen.

 VIDEO LINK

For more on this topic, watch the clips at www.brightredbooks.net

 DON'T FORGET

Remember to look out for separable verbs, as a separable prefix can have a big impact on the meaning of a word: *nehmen* means 'to take', but *teilnehmen* means 'to take part in'.

 THINGS TO DO AND THINK ABOUT

There is a lot of important vocabulary in this section. Write in your vocabulary jotter all the key words and phrases you have found.

Here are some of the most important words. Can you remember what they mean?

1 ausländisch	5 die Heimat	9 die Wirtschaft
2 die Wurzeln	6 die Einwanderer	10 die Bereicherung
3 der Rassismus	7 die Migranten	11 die Gesellschaft
4 in der Öffentlichkeit	8 die Minderheit	12 die Regierung

 ONLINE

Head to www.brightredbooks.net for an activity about the Berlin Karneval.

TRADITIONS — GEBRÄUCHE

In this section, you will learn about some of the traditions in Bayern (Bavaria) as well as a special ball in Wien (Vienna) and the tree of romance in Schleswig Holstein.

 **ACTIVITY: READING: THE TRADITIONAL COSTUMES OF BAVARIA**

Read the German text and answer the questions in English.

Bayerische Tracht

Die Bayern lieben ihre Tracht. Heute wird diese aber in den meisten Gebieten Bayerns nicht mehr im Alltag getragen, sondern nur zu besonderen Anlässen wie Volksfesten oder Hochzeiten.

Zu einem Trachtenoutfit gehören für die Männer natürlich traditionell die Lederhosen, Trachtenhemd und eine Weste. Häufig zählt auch ein Hut mit Feder und der Hirschfänger (ein Messer) zu den männlichen Accessoires.

Frauen tragen ein Dirndl, bestehend aus Bluse, Dirndlkleid und Schürze. Dabei gibt die Schleife der Schürze den Männern wichtige Auskunft über den Familienstand der Dame: Ist die Schleife auf der rechten Seite gebunden, ist die Frau bereits vergeben. Trägt sie die Schleife jedoch links, dann ist sie noch zu haben.

Es gibt viele verschiedene Trachtenstile, die von Region zu Region unterschiedlich sind. Sie unterscheiden sich beispielsweise in Farbe und Verzierung voneinander. Am ersten Sonntag während des Münchner Oktoberfestes findet alljährlich der größte Trachtenumzug der Welt statt. Dabei ziehen nicht nur Trachtengruppen aus ganz Bayern durch die Münchner Innenstadt, sondern auch Trachtler aus verschiedensten Ländern der Erde.

1 When do the people of Bavaria wear these traditional costumes? (1)

2 Explain the significance of how the bow of the woman's apron is tied. (2)

3 In what ways do the costumes differ from region to region? (1)

4 What happens on the first Sunday of the October festival in Munich? (1)

ACTIVITY: LISTENING: OPERNBALL

Listen to the text about the Opernball in Vienna where young couples from all over the world get to dance the waltz. Then answer the questions in English.

1 Mention any two facts about the Opernball. (2)

2 How many couples are allowed to dance? (1)

3 What are the criteria for participating? (2)

4 What do the girls need to wear? (3)

5 What are the boys not allowed to have? (1)

6 How long does the show last? (1)

contd

ACTIVITY: READING: THE TREE OF ROMANCE

Read the interview with the retired postman who for 18 years delivered love letters to the oak tree, then answer the questions in English.

Die Bräutigamseiche ist eine Eiche in einem Wald in der Nähe von der Stadt Eutin in Schleswig-Holstein. Die Eiche ist sehr berühmt geworden, weil der Baum seine eigene Postanschrift hat. Karl Heinz Martens, 61, pensionierter Postbote, war 18 Jahre lang der Postbote für die Eiche. Er beantwortet unsere Fragen.

Herr Martens, Sie waren eine halbe Ewigkeit lang der Postbote fur die Bräutigamseiche. Wie viele Briefe haben Sie jeden Tag geliefert?
In der Regel so vier bis fünf pro Tag. Ich bin jeden Mittag mit dem Postauto zur Eiche gefahren, bin dann die Leiter drei Meter hoch geklettert und habe die Briefe ins Astloch gesteckt. Am nächsten Tag waren sie weg.

Können nicht alle die Briefe lesen?
Hier kann jeder hinauf, die Briefe öffnen und lesen. Den Brief, der interessiert, den nimmt man mit, die anderen steckt man wieder rein. So soll das sein.

Woher kommt die Baumpost?
Aus der ganzen Welt. Aus China, Japan, Amerika, den nordischen Staaten, aus Deutschland, einfach von überall. Zum Teil ist das im Ausland über das Goethe-Institut publik gemacht worden. Die wollten mal was Nettes über Deutschland schreiben.

Und woher kommen die Besucher?
Das sind vor allem Touristen, die an der Ostsee Urlaub machen. Von der Ostsee sind es nur 15 Kilometer. Wie die Seen ist die Bräutigamseiche eine der Attraktionen. Es gibt Tische und Bänke aus Holz, einige Gruppen machen ein Picknick.

Woher kommt die Geschichte der Bräutigamseiche?
Eine Försterstochter aus der Gegend hatte eine Beziehung zu einem Leipziger Schokoladenfabrikanten. Weil ihr Vater gegen die Verbindung war, schrieben sich die beiden heimlich Briefe, die sie ins Astloch der Eiche legten. 1891 heirateten sie dann doch – mit Einwilligung des Vaters, unter dem Baum.

Wie viele Ehen hat die Eiche denn gestiftet?
Offiziell weiß ich von vier Ehen. Darunter sind zwei Silberpaare, die nach 25 Jahren Ehe unter dem Baum gefeiert haben.

1 Where is the oak tree? (2)

2 What did the postman have to do each day? (3)

3 Who can read the letters? (2)

4 Why did the Goethe Institute publicise the tree so much? (1)

5 Where do the visitors come from? (1)

6 Where does the story about the oak tree come from? Give three details. (3)

THINGS TO DO AND THINK ABOUT

It is important to think about your reading techniques every time you do a reading task. The main steps are:

- Read any information in English at the start of the question.
- Make sure you understand the German title.
- Look for cognates (words that look like English words).
- Identify the key words in the English questions and try to find the German equivalent in the text.
- Remember that the answers follow on from each other.

 DON'T FORGET

Remember that German words can have more than one meaning. *Geschichte* can mean 'history' <u>and</u> 'story'.

VIDEO LINK

Check out the videos about carnival and Christmas markets at www.brightredbooks.net to learn more about German culture.

 ONLINE TEST

Test yourself on this topic at www.brightredbooks.net

LITERATURE AND FILM — LITERATUR UND FILM

In this section, you will learn about a popular German TV series and a film about Turkish people living in Germany.

 **ACTIVITY:** READING: INTERVIEW MIT ELYAS M'BAREK

Read the interview with the main actor in the TV series about a Turkish family, and answer the questions in English.

Der Schauspieler Elyas M'Barek spielt in der Jugendserie „Türkisch für Anfänger" den 17-jährigen Türken Cem. Cem lebt mit seiner Schwester Yagmur und seinen beiden Halbgeschwistern Lena und Nils in einer so genannten „Patchwork-Familie".

„Türkisch für Anfänger" ist deine erste große Rolle. Wie ist es dazu gekommen?

Schon in der Schule habe ich Theater gespielt, das Schauspiel hat mich schon immer interessiert. Irgendwann sollte ich dann mal an einem Casting teilnehmen und so nahm das seinen Lauf. Zuerst spielte ich nur kleine Nebenrollen und später dann das Casting für „Türkisch für Anfänger".

In der Serie gibt es viele junge Schauspieler. Kannst du uns Tipps geben, wie man Schauspieler wird?

Ich glaube, da gibt es kein „Grundrezept". Das Beste ist natürlich, wenn man eine Schauspielschule besucht und den Beruf richtig erlernt. Darüber hinaus gehört sehr viel Glück dazu, den Fuß ins Fernseh-/Filmgeschäft zu bekommen. Bei mir hat sich das eher zufällig ergeben und selbst ich weiß nicht, was ich beruflich in einem Jahr machen werde. Deswegen kann ich gerade jungen Leuten, die sich dafür interessieren, nur raten, erstmal einen Schulabschluss zu machen.

Du hast schon sehr jung angefangen, als Schauspieler zu arbeiten. Wie hast du Beruf und Schule vereint?

Es ging, damals habe ich noch nicht so viel gedreht, z. B. kleinere Rollen auch in den Ferien. Ganz ehrlich gesagt musste ich auch ein oder zwei Tage schwänzen, aber ich habe darauf geachtet, dass ich die Schule nicht vernachlässige. Erst als ich die Schule beendet hatte, ging es richtig los und ich habe das hauptberuflich gemacht.

Du selbst wurdest als Sohn österreichisch-tunesischer Eltern geboren. Hattest du in deiner Jugend Probleme mit ausländerfeindlichen Äußerungen von Mitschülern?

Nein, in der Schule gab es eigentlich nie Probleme. Dafür aber auf der Straße. Ich musste mir schon oft ausländerfeindliche Sprüche gefallen lassen, oder dass ich „in mein Heimatland zurückkehren soll". Nur habe ich mich nie wirklich als Ausländer betrachtet. Ich spreche nur Deutsch, bin in der deutschen Kultur aufgewachsen und lebe hier.

In „Türkisch für Anfänger" lebst du mit drei weiteren Kindern zusammen in einer Patchwork-Familie. In Deutschland lebt nach Schätzungen jedes siebte Kind ebenfalls in einer Familie zusammen mit Stiefgeschwistern. Wie ist es, in einer Patchwork-Familie zu leben?

Ich habe das selbst nie erlebt und weiß deshalb nicht genau wie das ist. Durch die Serie kann ich mir das nur vorstellen. Es kann aber durchaus interessant sein, wenn man plötzlich neue Geschwister hat und mit deren Gewohnheiten und Eigenschaften klar kommen muss.

1   What is the best thing you can do if you want to become an actor?   (1)

2   What advice does he give young people?   (1)

3   How did he manage to combine school and work?   (3)

4   Has Elyas ever been subject to racial hatred?   (2)

5   Does he consider himself a foreigner? Mention two things.   (2)

6   What does the actor say about blended families? Mention any two details.   (2)

contd

ACTIVITY: READING: ALMANYA – WILLKOMMEN IN DEUTSCHLAND

This text is about a film made by the same two female directors as the TV series. Read the text and answer the questions in English.

„Almanya – Willkommen in Deutschland" ist ein deutscher Spielfilm aus dem Jahr 2011. Die Tragikomödie thematisiert die Frage der Heimat und Identität türkischer Gastarbeiter in Deutschland über mehrere Generationen hinweg. Der Film ist lustig, aber auch traurig. Es ist eine Mischung von Gegenwart und Vergangenheit, von realistischen Szenen und Fantasieszenen. Der Film vermittelt Themen wie nationale Identität, Migration und Integration auf humorvolle Weise.

Almanya bedeutet Deutschland. Die Frage ist, ob Deutschland eine Heimat oder die Fremde ist. Als der 6-jährige Cenk an seinem ersten Schultag weder ins deutsche, noch ins türkische Fußball-Team gewählt wird,

ist auch er ratlos. Bei einem Familientreffen platzt es aus dem kleinen Cenk heraus: Was bin ich, Türke oder Deutscher? Als Sohn des türkischstämmigen Ali und dessen deutschen Frau Gabi spricht er kein Türkisch. Bei dieser Familienfeier verkündet seine Großmutter Fatma ihre Einbürgerung in Deutschland. Im Kontrast dazu, erklärt der Großvater Hüseyin, dass er ein Haus in der Türkei gekauft habe, das er als Sommersitz nutzen möchte. Um es zu renovieren, möchte er in den Ferien mit der ganzen Familie in die Türkei fahren. Plötzlich sind alle Familienmitglieder mit der Frage konfrontiert, wo ihre Heimat ist.

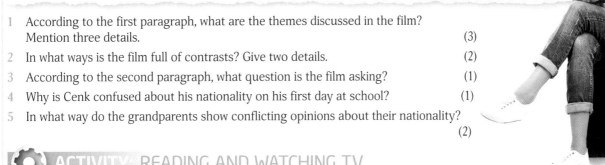

1   According to the first paragraph, what are the themes discussed in the film? Mention three details.   (3)
2   In what ways is the film full of contrasts? Give two details.   (2)
3   According to the second paragraph, what question is the film asking?   (1)
4   Why is Cenk confused about his nationality on his first day at school?   (1)
5   In what way do the grandparents show conflicting opinions about their nationality?   (2)

ACTIVITY: READING AND WATCHING TV

Melanie talks about her TV viewing and reading habits. Listen to the text and answer the questions in English.

1   Why does Melanie like watching TV with her family?   (2)
2   What kind of programmes does she like, and why?   (2)
3   Why does she like the news?   (1)
4   What other programmes does she like, and why?   (4)
5   Why does she not read the newspaper?   (2)
6   Why does Melanie like the books by Pilcher? Mention two things.   (2)
7   What does Melanie like best of all about the books?   (2)

 DON'T FORGET

When you do a Listening task, it is important to put as much detail as possible in your answers. Ask yourself when? where? with whom? why?

THINGS TO DO AND THINK ABOUT

Here are some phrases to help you start writing about the last film you watched or the last book you read. It is a good opportunity to use a relative clause.

A relative clause is a clause inserted after a noun to give further information about that noun. The German relative pronoun must have the same number (singular or plural) and the same gender (m, f or nt) as the noun it refers back to.

Der letzte Film, der ich gesehen habe, war …   The last film I saw was …
Die letzte Geschichte, die ich gelesen habe, war …   The last story I read was …
Das letzte Buch, das ich gelesen habe, war …   The last book I read was …

Der Film/Das Buch hat mir sehr gut gefallen.   I really enjoyed the film/book.
Die Geschichte war hochinteressant/spannend.   The story was very interesting/exciting.
Die Charaktere waren glaubhaft/sympathisch.   The characters were believable/likeable.

 VIDEO LINK

Watch the clip at www.brightredbooks.net to learn more about German literature.

 ONLINE TEST

Test yourself on this topic at www.brightredbooks.net

COURSE ASSESSMENT

THE TRANSLATION 1

DON'T FORGET

The translation should sound like something you would say in English. Read what you have written and make sure it sounds natural.

WHAT IS THE TRANSLATION?

The translation is part of Paper 1. It is embedded in the reading passage and may seem a small part of the examination. However, it is worth 10 per cent of the total mark. It is important to allow enough time to complete the translation task properly. It is very easy to throw marks away in the translation because you miss out small words, get the definite article wrong or put the verb in the wrong tense. The translation is the last question in the Reading paper and, as such, you should only complete it when you have finished the reading.

The translation is not the same as the reading questions where you are encouraged to get the gist of the text and put the answers into your own words. This is the part of the Reading paper where you need to be very accurate. It is a word-for-word analysis of the German text that has to be rendered in precise English.

In this section, we will discuss certain pitfalls to avoid and will look at some practice translations.

Each translation is divided into five sense units when it is being marked. Each unit is awarded a mark of 2, 1 or 0. If it is an acceptable translation which reads well, the unit will be awarded 2. If it is in clumsy English, it will be awarded 1, and if it is completely wrong it will be awarded 0.

Remember always to look carefully at the verbs. Make sure you have used the correct tense.

HOW TO APPROACH THE TRANSLATION

You will already know what the translation is likely to be about from the context of the reading passage in which it is set. You should read the whole translation quickly, or at least the first complete sentence, before you start to translate it. Remember that German word order is different from English word order.

We will now look at some translations and discuss certain points to bear in mind.

DON'T FORGET

Remember that most German words can have more than one meaning.

ACTIVITY: TRANSLATION 1

> Seit der Trennung ihrer Eltern vor zwei Jahren leben Nicola, 9, und ihr vier Jahre älterer Bruder Daniel eine Woche beim Vater, eine bei der Mutter. Ostern feiern die Geschwister mit Papa, Weihnachten mit Mama. Die Eltern sehen und sprechen sich regelmäßig.

In this passage, the author is writing about how one family coped after a divorce.

- *Seit* means 'since'. It is important to translate the possessive adjective correctly. Here *ihrer* means 'their'. Note that *vor zwei Jahren* means 'two years ago'. 'For two years' would not make sense in English. Nevertheless it is a common mistake.
- Be careful with *älterer*, which means 'older' – her brother who is four years older, and <u>not</u> her four-year-old brother.
- Make sure you know your prepositions – *bei* often means at someone's house.
- In the second sentence, we need to think about what the English word order should look like. In German, the sentence starts with *Ostern* for emphasis, but we would not do the same in English. Remember too that *Geschwister* means here 'brother and sister', 'siblings'.
- Be careful to look out for reflexive verbs – it often gives the idea of a reciprocal action. Also note that here it is *die Eltern* (the parents) who see and talk to each other regularly.

Have a go at translating the passage above.

FALSCHE FREUNDE

One thing to avoid in this question is the mistranslation of words in German which look like English words.

 **FALSCHE FREUNDE**

Look at the list below and make sure you know what these German words mean.
Match up each German word with the correct English meaning.

1	aktuell	a	college
2	also	b	current/up-to-date
3	die Art	c	soon
4	bald	d	advice
5	der Chef	e	thus/therefore
6	eventuell	f	food
7	fast	g	almost
8	die Hochschule	h	boss
9	die Kost	i	possibly
10	die Noten	j	grades/marks
11	spenden	k	kind/type/manner
12	der Rat	l	to donate money

 **TRANSLATION 2**

This translation text will give you the opportunity to work on tenses.

> Nachmittags ging sie zum Reiten, abends auf Partys. Und am nächsten Morgen wollte sie nicht aufstehen. „Ich war fast jeden Tag zu spät in der Schule, manchmal bin ich gar nicht hingegangen. Mit meiner Mutter hatte ich nur Stress."

Most of this text is in the imperfect tense. It would be a good idea to spend some time reading over the irregular verb tables before the exams. You can use the verb tables in the dictionary, but this can be time-consuming. The Reading paper really is against the clock, and time is precious!

- In the second sentence, the word *und* at the start needs to be translated even if it seems a bit clumsy.

- Look out for negative phrases – *gar nicht* often appears in the translation section. It has the idea of 'not at all'.

- Watch out for the false friend *fast*.

- Don't forget to translate the small word *nur*, which means 'only'. It is very important.

Now have a go at translating the passage above.

 ONLINE

Try out your reading and translation skills at www.brightredbooks.net

 ONLINE TEST

Test yourself on this topic at www.brightredbooks.net

 THINGS TO DO AND THINK ABOUT

Try translating the following sentences into English.

1 Ich lerne seit fünf Jahren Deutsch.

2 Seit gestern esse ich gesund.

3 Die Geschwister streiten sich oft.

4 Nie habe ich so ein schönes Geschenk bekommen.

5 Unsere Eltern haben sich bei einem Freund kennengelernt.

THE TRANSLATION 2

In this section, you will find more advice on and practice in translating German sentences.

 ACTIVITY TRANSLATION: NOUNS

Watch out for the word that comes before the noun. Can you translate the following?

DON'T FORGET +

Be sure to translate a German noun with an English noun, a German adjective with an English adjective and so on.

1 ein Hund	6 ihr Hund	11 einige Hunde
2 der Hund	7 dein Hund	12 die meisten Hunde
3 dieser Hund	8 sein Hund	13 manche Hunde
4 mein Hund	9 alle Hunde	14 keine Hunde
5 unser Hund	10 viele Hunde	

ACTIVITY TRANSLATION: VERBS AND TENSES

This section focuses on recognising verbs and tenses. Translate each sentence below and identify which tense the verb is in.

1 Ich werde nach New York fahren.

2 Ich bin nie nach London gefahren.

3 Ich würde gern Madrid besuchen.

4 Ich fahre oft in die Schweiz.

5 Früher fuhren wir jedes Jahr in die Türkei.

6 Wir sind mit dem Schiff gefahren.

7 Wir fuhren mit dem Auto.

8 Wir fahren meistens mit der Bahn.

9 Wir würden lieber mit dem Reisebus fahren.

10 Wir werden mit dem Flugzeug fliegen.

11 Wir gingen jeden Tag zum Strand.

12 Wir werden jeden Tag im Meer baden.

13 Wir gehen jeden Tag ins Freibad.

14 Wir würden nie eine Stadtrundfahrt machen.

15 Wir haben jeden Abend in einem Restaurant gegessen.

ACTIVITY TRANSLATION: TRANSLATION PITFALLS

The following exercise will give you practice in a wide range of translation pitfalls. Translate each sentence into English.

1 Ich bin sehr gesund und ganz sportlich.

2 Außerdem spiele ich oft Federball.

3 Wir gehen nie reiten.

4 Wir gehen nur ab und zu wandern.

5 Und Schwimmen finde ich entspannend.

6 Ich finde Turnen zu anstrengend.

7 Ich will heute Abend in die Eishalle gehen.

8 Ich muss morgen einkaufen gehen.

9 Ich darf diesen Samstag klettern gehen.

10 Ich mag Bogenschießen.

11 Gestern konnte ich mich gar nicht entspannen.

12 Ich sollte mehr Obst essen.

13 Ich spiele seit drei Jahren Klavier.

14 Beim Wandern kann ich meine Sorgen vergessen.

15 Als ich zehn Jahre alt war, bin ich oft Rad gefahren.

16 Ich habe Lust, heute Nachmittag ins Kino zu gehen.

contd

17 Ich hoffe, eines Tages eine schlanke Figur zu haben.

18 Ich spiele gern Karten, aber ich spiele lieber Schach.

19 Am liebsten spiele ich Computerspiele.

20 Ich gehe oft zum Fitnessstudio, um fit und gesund zu bleiben.

21 Ich finde Rugby gefährlicher als Skifahren.

22 Ich kann schneller als mein Bruder laufen.

23 Ich sehe zu viel fern.

24 Wenn das Wetter schön ist, gehe ich mit dem Hund spazieren.

25 Wenn ich die Zeit hätte, würde ich öfter ins Theater gehen.

26 Bevor ich ins Bett gehe, lese ich mein Buch.

27 Nachdem ich mit den Hausaufgaben fertig bin, höre ich Musik.

28 Trotz des Regens haben wir Golf gespielt.

29 Meiner Meinung nach lebe ich gesund..

30 Ich habe einen Freund, der keinen Sport treibt.

31 Ich interessiere mich für alles, was gesund ist.

32 Ich habe einen älteren Bruder. Ich finde ihn sympathisch.

33 Ich habe eine enge Beziehung zu meiner Mutter. Ich kann ihr alles erzählen.

34 Immer mehr Kinder treiben keinen Sport.

35 Mehr als die Hälfte der Jugendlichen haben eine Zigarette geraucht.

ONLINE

For more practice at reading and translation, follow the link at www.brightredbooks.net

ONLINE TEST

Test yourself on this topic at www.brightredbooks.net

 THINGS TO DO AND THINK ABOUT

Final advice on the translation

Be careful with reflexive verbs and separable verbs as the meaning often changes.

* *verstehen*   to understand

Ich verstehe das Problem. – I understand the problem.

* *sich verstehen mit*   to get on with

Ich verstehe mich gut mit meinen Eltern. – I get on well with my parents.

* *unterhalten*   to entertain

Mein Vater kann die Kinder gut unterhalten. – My father can entertain the children well.

* *sich unterhalten mit*   to talk to

Mein Vater kann sich mit den Kindern unterhalten. – My father can talk to the children.

* *stehen*   to stand

Ich stehe Schlange. – I stand in a queue.

* *aufstehen*   to get up

Ich stehe immer früh auf. – I always get up early.

Watch out for idiomatic phrases:

es war ihm egal   he didn't care/he didn't mind
mit fünfzehn Jahren   at the age of 15

DIRECTED WRITING

WRITING IN HIGHER GERMAN

The Higher external examination has two different types of writing – Directed Writing and a short essay. The Directed Writing forms part of Paper 1 and comes after the Reading paper. The short essay is part of Paper 2 and comes after the Listening paper. The writing is worth 20 per cent of your overall mark: 10 per cent (10 marks) for the Directed Writing and 10 per cent (10 marks) for the short essay. It is worthwhile spending a lot of time developing your writing skills, as getting a high mark in both pieces of writing can make a huge difference to your final grade.

The two pieces of writing are very different. The Directed Writing, as the name suggests, requires you to write to a specific scenario. The short essay, on the other hand, is much more open-ended, and you are given more scope to write about your own ideas.

Let's look at each piece of writing in turn.

DIRECTED WRITING: AN OVERVIEW

The Directed Writing task will test your ability to write accurately in the past tense. You will be given the choice of two scenarios, taken from two of the four contexts of Society, Learning, Employability and Culture. The scenarios will be set in a German-speaking country and will have four bullet points. You must address all four bullet points and write between 120 and 150 words. You should choose the scenario which you think you will be able to write about best.

The first bullet point will ask you for two different pieces of information. You must write something for both parts of the bullet point. The other bullet points will ask you to write in the past tense, and one bullet point will require you to write in the future or conditional tense.

DON'T FORGET

You must write something for all four bullet points. If you miss out a bullet point, the maximum mark you will score is 6 out of 10.

Beispiel:

Scenario 1: Society

> Last year, you visited a town in Germany where you stayed with a local family.
>
> On your return, you were asked to write in German about your trip for the foreign-language section of your school/college website.

You **must include** the following information, and you **should try to add** other relevant details:

- how you travelled **and** what the journey was like
- how you got on with the German family
- some of the things you did during your stay
- whether or not you would like to repeat the experience.

GETTING STARTED

The temptation is to launch straight into the bullet points to see if your favourites are there. It is important, however, to read the introduction section. It is usually very general and not very descriptive, but it is worth checking to see if it specifies a time of year, such as a winter holiday, a certain part of Germany, such as Bavaria, or a specific time, for example two weeks/months.

The good news is that you don't have to stick rigidly to the bullet points but can add in your own ideas. Words and phrases in some areas can be learned and used in every scenario.

We will now look at these in turn.

 contd

Saying when and where you went and with whom

- letzten Sommer
  last summer
- letzten Winter
  last winter
- letztes Jahr
  last year
- in den Sommerferien
  in the summer holidays
- letzen Juli
  last July
- Ich bin nach Deutschland gefahren.
  I went to Germany.
- Wir sind in die Schweiz gefahren.
  We went to Switzerland.
- Wir sind nach München gereist.
  We travelled to Munich.
- Ich habe in einem Ferienort an der Ostsee gewohnt.
  I stayed in a holiday resort at the Baltic Sea.

- Ich habe zwei Wochen mit meiner Familie auf der Insel Sylt verbracht.
  I spent two weeks with my family on the island of Sylt.
- Ich bin allein gereist.
  I travelled alone.
- Ich habe eine Klassenfahrt gemacht.
  I went on a school trip.
- Ich habe an einem Schüleraustausch teilgenommen.
  I took part in a school exchange.
- Zwanzig Leute waren in der Gruppe.
  Twenty people were in the group.
- Vier Lehrer haben uns begleitet.
  Four teachers went with us.
- Ich bin mit dem Schulorchester dorthin gefahren.
  I travelled there with the school orchestra.
- Zum Glück war mein bester Freund/ meine beste Freundin auch dabei.
  Fortunately my best friend was with us.

Little gems

When describing the place you stayed in, you can show off your knowledge of adjectival endings!

Ich habe zwei Wochen in Ahrensburg gewohnt. Ahrensburg liegt in Schleswig Holstein, ungefähr vierzig Kilometer von Hamburg entfernt. Ahrensburg ist eine kleine, schöne Stadt mit vielen Einkaufsmöglichkeiten.

 **DON'T FORGET**

Reread the *Reiselust* section on pages 52–53 to get even more ideas for this bullet point.

 ONLINE

For more information on the perfect tense, head to www.brightredbooks.net

 ONLINE TEST

Test yourself on this topic at www.brightredbooks.net

 THINGS TO DO AND THINK ABOUT

Now see what progress you are making. Translate these English sentences into German.

1. Last year, I travelled to Germany. Thirty people were in the group.

2. In the summer holidays, I went to Switzerland with my family. We stayed in a holiday house in the mountains.

3. Last July, I went on a school trip to Austria. Fortunately my best friend was there.

TACKLING THE BULLET POINTS 1

KEY VOCABULARY

Here are some other areas that can be used in any scenario. Find the phrases that suit you, then use them in the essays that you write for your class teacher. Remember to read over any corrections and learn from your mistakes.

Reasons for the trip

- Ich bin nach Deutschland gefahren, um ... I went to Germany (in order) to ...
  - ein Praktikum zu machen   do a work placement
  - einen Austausch zu machen   do an exchange

Describing how you travelled

- Wir sind mit dem Reisebus gefahren.   We travelled by coach.

- Wir sind nach Deutschland geflogen.   We flew to Germany.

- Ich habe ein Taxi zum Flughafen genommen.   I took a taxi to the airport.

- Der Flug hat eine Stunde gedauert.   The flight lasted an hour.

- Wir haben ein Auto am Flughafen gemietet.   We hired a car at the airport.

- Leider gab es Turbulenzen und ich hatte   Unfortunately there was some air
  so eine Angst.   turbulence and I was so scared.

- Die Reise hat sehr gut geklappt.   The journey worked out really well.

- Das Meer war ganz schön stürmisch und   The sea was really quite stormy and
  ich war seekrank.   I was seasick.

- Die Zeit ist sehr schnell vergangen.   The time passed very quickly.

- Ich habe nicht einmal auf die Uhr geguckt.   I did not look at my watch once.

Saying what you did during the journey

- Während der Reise bin ich eingeschlafen.   During the journey I fell asleep.

- Ich habe einen guten Roman gelesen.   I read a good novel.

- Ich habe mich mit anderen Reisenden   I talked to other passengers.
  unterhalten.

- Ich habe aus dem Fenster geschaut.   I looked out of the window.

- Ich habe die ganze Zeit Karten gespielt.   I played cards the whole time.

- Wir wollten Karaoke singen, aber die Lehrer We wanted to sing karaoke but the
  haben es nicht erlaubt.   teachers did not allow it.

Saying what the accommodation was like

- Ich habe auf einem Campingplatz gezeltet.   I camped at the campsite.

- Wir hatten ein Zimmer in einem   We had reserved a room in a
  Vier-Sterne-Hotel reserviert.   four-star hotel.

- Wir haben ein Ferienhaus gemietet.   We rented a holiday house.

- Ich habe bei einer deutschen Familie gewohnt. I stayed with a German family.

- Ich habe in einer Wohnung in der Nähe von   I stayed in a flat near my place
  meinem Arbeitsplatz gewohnt.   of work.

contd

Describing the accommodation

- Das Hotel befand sich an einem See/in den Bergen/direkt am Strand.

  The hotel was situated by a lake/in the mountains/directly on the beach.

- Die Familie hatte ein großes Einfamilienhaus am Stadtrand.

  The family had a big detached house on the outskirts of town.

- Die Wohnung war winzig und ungemütlich.

  The flat was tiny and uncomfortable.

- Der Campingplatz war sauber und modern ausgestattet.

  The campsite was clean and had modern facilities.

- Mein Zimmer hatte einen schönen Blick aufs Meer/auf den Garten.

  My room had a nice view of the sea/garden.

Expressing how you got on with people

- Ich habe mich sehr gut mit der Familie verstanden. I got on well with the family.
  - mit meinem Chef/mit meiner Chefin   with my boss
  - mit meinen Kollegen   with my colleagues
  - mit meinen deutschen Freunden   with my German friends
- Die Oma war besonders sympathisch.

  The gran was especially friendly.

Saying what you did during the day

- Wir haben die Sehenswürdigkeiten besichtigt.   We visited the tourist attractions.
- Ich habe einen Tagesausflug nach Berlin gemacht. I did a day trip to Berlin.
- Ich habe einen Einkaufsbummel gemacht. Ich habe zu viel Geld ausgegeben.

  I went round the shops. I spent too much money.

- Ich habe viele Andenken gekauft.   I bought lots of souvenirs.
- Ich habe mich in der Stadtmitte verlaufen.   I got lost in the town centre.
- An einem Tag haben wir den Vergnügungspark besichtigt.

  One day we visited the amusement park.

- Wir haben eine lange Wanderung im Wald/am Fluss entlang gemacht.

  We went for a long walk in the woods/along the river.

- Wir haben eine Bootsfahrt gemacht.   We went on a boat trip.
- Wir haben so viel unternommen.   We did so much.

Saying what you did in the evening

- Abends sind wir ins Kino gegangen, um einen deutschen Film zu sehen.

  In the evenings we went to the cinema to see a German film.

- Wir sind häufig ins Café gegangen, wo wir den ganzen Abend Karten gepielt haben.

  We often went to cafés where we spent the whole evening playing cards.

- Am letzten Abend haben wir eine Abschiedsparty organisiert. Wir haben viel getanzt und laut gesungen.

  On the last evening we organised a farewell party. We danced a lot and sang loudly.

- An einem Abend sind wir ins Konzert gegangen, um die Band Rammstein zu sehen. Die Atmosphäre war fabelhaft.

  On one evening we went to a concert to see the band Rammstein. The atmosphere was fantastic.

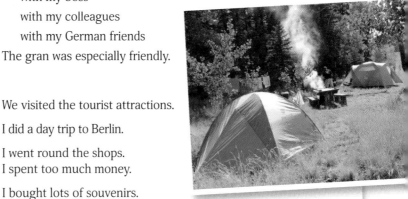

 **DON'T FORGET**

The phrases relating to accommodation and liking/disliking people can be easily adapted to fit each scenario.

 DON'T FORGET

Make sure you know a bit about the geography of Germany. For example, there is no beach in Berlin and you would not go on a day trip from Hamburg in the north to Munich in the south!

ONLINE

Go to www.brightredbooks.net to get examples of more Directed Writing scenarios.

 ONLINE TEST

Test yourself on this topic at www.brightredbooks.net

 THINGS TO DO AND THINK ABOUT

Remember that the purpose of the Directed Writing is to show off a range of vocabulary and to demonstrate that you have a good mastery of grammar rules, especially verbs and tenses.

TACKLING THE BULLET POINTS 2

COPING WITH BULLET POINT 4

Saying how you felt about being away from home

- Es hat mir viel Spaß gemacht. — It was great fun.
- Wir haben uns sehr gut amüsiert. — We had lots of fun.
- Ich habe mich ein bisschen gelangweilt. — I got a bit bored.
- Ich hatte Heimweh. — I was homesick.
- Ich habe meine Familie vermisst. — I missed my family.
- Ich bin selbstständiger geworden. — I have become more independent.
- Ich habe mein Selbstvertrauen entwickelt. — I have developed my self-esteem.

Saying how you plan to keep in touch

- Wir werden in Kontakt bleiben. — We will stay in contact.
- Wir werden auf WhatsApp chatten und Fotos hochladen. — We will chat on WhatsApp and upload photos.
- Wir werden oft eine Email oder eine SMS schreiben. — We will e-mail/text each other often.

Expressing whether or not you would recommend the experience

- Ich habe eine herrliche Woche in Deutschland verbracht. — I spent a great week in Germany.
- Ich habe meinen Aufenthalt voll ausgenutzt. — I took full advantage of my stay.
- Ich würde einen Aufenthalt in Deutschland sehr empfehlen. — I would highly recommend a stay in Germany.
- Ich habe nette Leute kennengelernt und ich habe mein Deutsch verbessert. — I got to meet nice people and I improved my German.
- Ich habe eine andere Kultur und eine andere Lebensweise kennengelernt. — I got to know another culture and another way of life.
- Ein Aufenthalt im Ausland ist ein Pluspunkt für den Lebenslauf. — A stay in a foreign country is a plus point for the CV.

Saying what you did to improve your German

- Ich habe immer versucht, Deutsch zu sprechen. Ich habe jede Gelegenheit ausgenutzt. — I always tried to speak German. I took advantage of every opportunity.
- Ich habe immer nach dem Weg gefragt, sodass ich mit den Deutschen ins Gespräch kommen konnte. — I always asked for directions so that I could get into conversation with German people.
- Ich habe die Zeitung jeden Tag gelesen, um neue Vokabeln zu lernen. — I read the newspaper every day so that I could learn new vocabulary.
- Ich habe mit meinen neuen deutschen Freunden über alles mögliche geredet. — I talked to my new German friends about everything under the sun.

What you liked/disliked

- Das Essen hat mir sehr gut geschmeckt. — I really enjoyed the food.
- Die Leute waren sehr gastfreundlich und haben mir viele Fragen über Schottland gestellt. — The people were very hospitable and asked me lots of questions about Scotland.
- Ich habe Sauerkraut probiert. Das war aber ekelhaft. — I tried sauerkraut. But it was disgusting.
- Ich musste jeden Morgen so früh aufstehen. — I had to get up so early every morning.

 DON'T FORGET

It is important to use a range of adjectives and opinion phrases. Repetition is to be avoided!

PREPARING FOR THE EMPLOYABILITY SCENARIO

In this section, the main focus will be to prepare you for the Employability scenario.

Where you worked

- Ich habe den Job im Internet gefunden.
- Ich habe als Kellner/Kellnerin in einem Restaurant gearbeitet.
- Ich war Zimmermädchen in einem Hotel.

I found the job on the internet.
I worked as a waiter/waitress in a restaurant.
I was a chambermaid in a hotel.

What you thought about the job

- Die Arbeit war einfach/abwechslungsreich/ gut bezahlt.
- Die Arbeit war anstrengend/todlangweilig/ schlecht bezahlt.

The work was easy/varied/well paid.

The work was tiring/very boring/ badly paid.

What hours you worked and how much you earned

- Ich habe von acht Uhr morgens bis sechs Uhr abends gearbeitet.
- Ich hatte einen Tag frei.
- Ich habe acht Euro pro Stunde verdient.
- Manchmal habe ich Trinkgeld bekommen.

I worked from 8am till 6pm.

I had one day off.
I earned eight euros an hour.
I sometimes got tips.

What tasks you did

- Ich habe das Telefon beantwortet und Emails geschrieben.
- Ich habe die Kunden bedient und ihnen Ratschläge gegeben.
- Ich habe die Betten gemacht und die Zimmer saubergemacht.
- Ich habe mit den Kindern gespielt. Ich habe ein Basketballturnier organisiert.

I answered the phone and I wrote e-mails.
I served the customers and gave them advice.
I made the beds and cleaned the rooms.
I played with the children.
I organised a basketball tournament.

What you gained from the experience

- Es war eine wertvolle Erfahrung. Ich habe einen Einblick in die Arbeitswelt bekommen.
- Ich bin reifer und unabhängiger geworden. Ich habe neue Fähigkeiten entwickelt.

- Ich habe gelernt, wie man in einem Team arbeitet.

It was a valuable experience. I got an insight into the world of work.
I have become more mature and independent. I have developed new skills.

I learned how to work in a team.

Information and opinions about the school

- Das Schulsystem in Deutschland war ganz anders.
- Die Schule fing um acht Uhr an und war um ein Uhr aus.
- Die Schüler trugen keine Uniform.
- Sie bekamen viel mehr Hausaufgaben.

The school system in Germany was quite different.
School started at 8.00 and finshed at 1.00.
The pupils did not wear a uniform.
They got a lot more homework.

DON'T FORGET

Try to learn a few more complex sentences to include in your essay so that you can aim for a score of 10!

ONLINE

Go to www.brightredbooks.net to get examples of more Directed Writing scenarios.

ONLINE TEST

Test yourself on this topic at www.brightredbooks.net

DON'T FORGET

You will be allowed a dictionary, but make sure you use it wisely. It should be there to check the spelling or gender of any words you are unsure of. It should not be used to start building new sentences that you have never produced before.

 ## THINGS TO DO AND THINK ABOUT

Some final words of advice:

- Many candidates make the most serious errors in the opening sentence, which does not create a good first impression.
- Remember the word-order rules and that the verb *fahren* takes *sein* as its auxiliary in the perfect tense: Letztes Jahr <u>bin</u> ich nach Deutschland gefahren.

SHORT ESSAY

WHAT IS THE SHORT ESSAY?

This is the essay that you will have to do after the Listening part of the exam.

The essay will be related in some way to the listening you have just done, but will tend to focus on one aspect and be of a general nature. You will be given some questions to help you to structure your essay. You should try to say something about all of these questions, but you will find that you may have more to say about one question than another – and that is perfectly fine.

A lot of the work you are doing in class in preparation for your Talking assessment can be used to help you prepare for the short essay.

WRITING THE SHORT ESSAY

It is a good idea to write a brief plan before you start to write the essay.

In the opening line, you should introduce the main topic of the essay. For example:

Ich möchte über meine Familie schreiben.

Meine Familie spielt eine wichtige Rolle in meinem Leben.

These sentences can be easily adapted for any topic. You could then structure your essay with words such as *erstens* ... firstly ..., *zweitens* ... secondly .... Remember to show that you have finished your essay with a conclusion phrase, such as *Zum Abschluss möchte ich sagen, dass* ... Finally I would like to say that ... or *Alles in allem* ... All in all.

Here are some of the ingredients for a successful short essay. You do not need to cover them all, but aim for as many as you can:

1 The essay should have an introduction and a conclusion sentence.

2 The essay should be well structured, that is divided into logical paragraphs (perhaps according to the questions).

3 You should use a range of vocabulary with no repetition.

4 You should try to use a different verb in each sentence.

5 You need to show off grammar points, such as pronouns, adjectival endings, the comparative/superlative, 3rd person, modal verbs, separable verbs and most of all word-order rules!

6 You should try to use more than one tense.

7 You should use qualifiers (*sehr, echt*) and time phrases.

8 You should express your likes, dislikes and preferences, and give reasons.

9 Try where possible to use a range of opinion phrases.

10 Make use of linking words such as *außerdem, jedoch* and *trotzdem*.

11 Give lots of examples of complex sentences – use subordinating conjunctions such as *weil* or *wenn*, and try to include an *um ... zu* clause.

12 Use discursive language such as *auf der einen Seite ... auf der anderen Seite*.

13 It is important to check your work over several times and make sure the nouns all have a capital letter.

14 Use some of the phrases from the list opposite.

contd

Opinion phrases

- Meiner Meinung nach ist Deutsch eine wichtige Sprache.

  In my opinion ...

- Ich bin der Meinung, dass Deutsch eine wichtige Sprache ist.

  I believe that ...

- Ich finde, dass ...

  I find that

- Ich glaube, dass ...

  I believe that ...

- Ich denke, dass ...

  I think that ...

Here are some other good phrases to use:

- Ich würde sagen , dass ...

  I would say that ...

- Ich muss zugeben, dass ...

  I must admit that ...

- Es freut mich, dass ...

  I am pleased that ...

- Ich habe gehört, dass ...

  I have heard that ...

- Ich habe gelesen, dass ...

  I have read that ...

- Was mich ärgert ist, dass ...

  What annoys me is that ...

- Was mir gefällt ist, dass ...

  What I like is that ...

Useful linking words and phrases

- im Allgemeinen

  in general

- im Gegenteil

  on the contrary

- vor allem

  above all

- zum Glück/glücklicherweise

  fortunately

- außerdem

  in addition

- leider

  unfortunately

- jedoch

  however

- trotzdem

  nevertheless

DON'T FORGET

Although most of the essay will be written in the present tense, you should try to include at least one other tense.

DON'T FORGET

Try to give a reason for having a particular opinion, and try to use as many opinion phrases as you can.

ONLINE

Read up on what you might be expected to write about at www.brightredbooks.net

ONLINE

Head to www.brightredbooks.net for a link to exercises to improve your writing skills.

ONLINE TEST

Test yourself on this topic at www.brightredbooks.net

THINGS TO DO AND THINK ABOUT

Here are five grammar points you should be particularly careful about:

- Modal verbs, for example *ich möchte, ich will* and *ich mag*, require an infinitive at the end of the sentence: *Ich möchte an der Uni studieren* or *Ich will einen Job suchen.*

- The comparative, unlike in English, never takes the form 'more + adj': more tiring = *anstrengender* and not *mehr anstrengend.*

- *Man* = you, one, people; *der Mann* = the man: *Man kann einkaufen gehen* You can go shopping.

- *Das* = the (with neuter nouns); *dass* = that: *Das Dorf gefällt mir gut* I really like the village. *Ich würde sagen, dass die Stadt interessanter ist* I'd say that the town is more interesting.

- It is easy to confuse *könnte* = could (conditional tense: 'would be able to') and *konnte* = could (imperfect tense: 'was able to'). *Als ich jünger war, konnte ich skifahren* When I was younger I could ski. *Ich könnte nie skifahren, weil es so gefährlich ist* I could never ski because it is so dangerous.

The first thing that a marker checks for when reading your essay is that the verbs are correct. Are you using the correct tenses and verb endings? You must also consistently apply the word-order rules.

HOW TO DO WELL IN THE PERFORMANCE

WHAT IS REQUIRED IN THE EXAM?

First, let's look at what you are required to produce in the examination. In the external examination, you should show:

- the ability to use detailed and complex spoken language as part of a presentation and conversation on the chosen topic;
- the ability to take part in a conversation;
- the ability to use language accurately to convey meaning;
- the ability to maintain interaction as appropriate to purpose.

The talking part of your examination forms 30 per cent of the total mark and will be completed before the start of your written examinations. It is worth spending quite some time preparing for this important aspect of the Higher. You will have had experience of this type of examination in the National 5 performance.

PRESENTATION

As in National 5, the presentation forms 10 per cent of the total mark. It is 1½–2 minutes in length and will not be interrupted by your teacher or examiner. The presentation should be from one of the four contexts: Society, Learning, Employability or Culture. You should prepare this section with the help of your teacher and then learn it off by heart. You will have been writing short essays and preparing talking answers in class, and you should refer to these.

You should start to prepare your presentation well in advance of the date your teacher has set for the examination. Don't leave it to the last minute. It is better to break your presentation up into chunks and learn a short section at a time.

A useful technique is to write a section on a card and carry it about with you. You could write a few phrases on a sheet of A3 paper and stick it on your bedroom wall. When you have learned one section, you can add on the next few phrases.

The person marking your presentation (usually your own teacher) will be looking for a range of vocabulary (including complex phrases) and grammar points. You will also be expected to use discursive language, that is opinions and reasons.

The checklist outline in the short essay section can also be used to help you prepare a successful presentation.

For example, you should have an introduction phrase:

Heute möchte ich über Familie und Freundschaft sprechen.

Remember to use a concluding phrase so the teacher knows you are about to finish. It is important that you don't launch into a big new paragraph in your conclusion. You are just summing up your ideas in one or two sentences.

More tips

You are allowed 40 help words in any language to assist you during the presentation only. Most candidates choose a trigger word from each sentence that will help them remember the rest of the sentence. Others choose the most difficult word that they might forget. You must practise your presentation aloud to see if the help words are working and to check your timing. Make sure that if you don't know how to say a word you ask your teacher.

DON'T FORGET

Learn your talking answers as you go along. Remember that all this hard work will also help you in the short essay.

contd

The teacher will take your nerves into consideration. Nerves show that you are keen to do well. So, don't get down if your voice is a bit shaky in the opening sentences. You are allowed to hesitate and correct yourself. If your mind briefly goes blank, then you are allowed to use a gap-filler, such as *na ja* or *also* to give you time to think. Using these gap-fillers does not count against you but is instead considered a strength.

Conversation

The conversation which follows the presentation will follow on from the context of the presentation and must develop into at least one other context. This will be worth 20 per cent of the total mark for Higher and should be approximately 4½–6 minutes in length.

Candidates are marked throughout the performance on content, accuracy, language resource (the quality of the language you use) and interaction. This last point is very important.

In the conversation part of the performance, you can be awarded 5 marks for sustaining the conversation. These marks (5, 3, 1 or 0) are awarded for conversations which are natural, not simply answering questions in a way that implies all your answers are pre-learned.

Of course, you will learn answers when you are preparing for the performance. However, you must be able to respond to unexpected questions in a natural way.

Sounding natural includes using gap-fillers but also responding to what your teacher is saying. You teacher will not just fire questions at you but will also chat a little. You should try to show a polite interest by making comments such as:

● Das ist ja toll/interessant!	That's really great/interesting!
● Wirklich!	Really!
● Ach so!	Oh, I see!
● Ach ja!	Really!
● Das finde ich auch!	That's what I think too!

ONLINE

Head to www.brightredbooks.net for some speaking advice.

ONLINE TEST

Test yourself on this topic at www.brightredbooks.net

THINGS TO DO AND THINK ABOUT

You could also ask your teacher a question:

● Wie finden Sie Reality TV?

● Haben Sie ein Hobby?

You are also allowed to ask to get a question repeated.

● Können Sie bitte die Frage wiederholen?

● Wiederholen bitte!

● Nochmals bitte!

If you need time to think, you could also say:

● Das ist eine interessante Frage!

● Ich muss das erst überlegen! – I need to think about that!

EXAM HINTS FOR READING AND LISTENING

READING

- You are against the clock in this exam. You have the Reading questions, Translation and Directed Writing to complete. So, keep an eye on the clock.

- Read the English information before the German text and make sure that you understand the German title.

- Read the questions carefully. Identify the key English words in the questions, then find the German equivalent in the text. Use your dictionary to help you.

- You may need to read the text before and after the key words from the questions.

- Make sure that you give enough detail in your answer and set your answers out in bullet points.

- Read over your answer and check that it makes sense.

- Be careful that you have not started to answer the following question. Marks cannot be transferred from one question to another.

- Don't be scared to answer because you think it might be wrong. You do not lose marks for wrong answers – only if you contradict yourself by making illogical statements such as 'The town is quiet and noisy.'

- Do not rely too heavily on the dictionary, or you will run out of time. Remember that most German words can have more than one meaning.

- The last question before the translation is the general-purpose question. It is worth 2 marks. It asks you to review the text as a whole to answer the question. It could be a question like:

  - Is the writer more for or against ...?

  - Is the writer more positive or negative towards ...?

  - What would you say is the writer's main opinion/attitude towards ...?

DON'T FORGET

It is important to have a positive frame of mind and to believe in yourself.

- You need to answer the question, then show evidence that refers to the text. You may quote words or short phrases, or refer to the line in the text. For example, 'In line 20 the writer refers to technology as being ... This would suggest that he is positive about technology. He goes on to discuss the advantages in lines 21 to 23, and he mentions more advantages than disadvantages.'

- Use phrases like 'The writer states that ...', 'Examples such as ... tend to show that ...'; 'This implies that ...'; 'It would seem that the writer ...'

LISTENING

- The best way to prepare for the Listening exam is to learn vocabulary on a regular basis throughout the Higher course. You could do this by making learning cards. Write the German word on one side and the English meaning on the other. Then test yourself on six cards every night.

- Try to listen to as much German as you can. There are plenty of exercises for you to work through in this book as well as video clips to watch online.

- On the day, once in the exam room, get yourself into a relaxed state, shut out all distractions and think positively.

- Plan in your head how you will tackle the listening. Try highlighting key words on the exam paper. Anticipate what the answer might be – use your own life experiences!

- When taking notes, concentrate on writing down the key nouns first of all along with any adjectives. Add in verbs and time phrases on the second listening.

- Write your answers out neatly on the exam paper in good English! Score out any rough notes.

 ## THINGS TO DO AND THINK ABOUT

At the start of your Higher German course, write down the grade you are working towards on a piece of A4 paper and put it at the front of your folder. At the start of every lesson and when you are doing your homework, look at the grade and remind yourself of what your goal is.

 ONLINE

Head to www.brightredbooks.net for extra resources on listening and reading.

GRAMMAR

NOUNS AND CASES

OVERVIEW

It is very important that you have a sound knowledge of grammar at Higher. You will only understand and be able to use German properly if you know how the language works. In this section, you will find a summary of the main grammar points covered elsewhere in the guide. German grammar can be quite complex, but when broken down into small sections it is manageable. We will attempt, therefore, to clearly explain the main grammar points that will help you build accurate German sentences. It does not cover every grammar point so that you don't feel overwhelmed, but it is a sound basis for revision. So, let's begin!

NOUNS

Nouns in German are always written with a capital letter. This makes them easy to identify in the Reading paper.

German nouns are divided into three groups: masculine (m), feminine (f) and neuter (nt). Every time you learn a noun, try to learn its gender at the same time. You can also find this information in your dictionary. Look for *m, f* or *nt*. Knowing the gender of a noun is important, as it influences what word you use for 'the' and 'a' and the adjectival endings.

German nouns have different plurals. It is not a case of just adding an 's' like in English. You need to learn the plural form of each noun by heart or check the dictionary, where it is normally given as the second item in brackets. For example **Hose** (-, -**n**).

What words can come before a noun?
- the definite article (the): *der, die, das*
- the indefinite article (a, an): *ein, eine, ein*

Note that there is no plural form for 'a'.

To make a noun negative, you add the letter 'k' to the indefinite article: *ein Buch* a book, *kein Buch* no book.

DON'T FORGET

You should always learn a noun with the gender – *der, die, das*.

CASES

The nominative case

The nominative case is used when the noun is the subject of the sentence, that is when the noun is doing the action.

	masculine	feminine	neuter	plural
Nominative	der	die	das	die
	(k)ein	(k)eine	(k)ein	keine

- <u>Der</u> Mann heißt Axel.
- <u>Die</u> Frau heißt Doris.
- <u>Das</u> Mädchen heißt Gabi.
- <u>Die</u> Kinder heißen Emma und Max.

- <u>Ein</u> Hund spielt Ball.
- <u>Eine</u> Katze spielt Ball.
- <u>Ein</u> Kaninchen spielt Ball.

The accusative case

The accusative case is used when the noun becomes the object of the sentence, that is when it is at the receiving end of the action.

	masculine	feminine	neuter	plural
Accusative	den	die	das	die
	(k)einen	(k)eine	(k)ein	keine

contd

Note that the only change is in the masculine form.

- Ich sehe <u>den</u> Mann.
- Ich sehe <u>die</u> Frau.
- Ich sehe <u>das</u> Mädchen.
- Ich sehe <u>die</u> Kinder.

- Ich habe <u>einen</u> Hund
- Ich habe <u>eine</u> Katze
- Ich habe <u>ein</u> Kaninchen.

Remember that when a masculine noun comes after the verb, *der* changes to *den*.

The accusative case is also used after certain prepositions.

The easiest way to remember these prepositions is to think of **FUDGEBO**.

- für — for
- um — around
- durch — through
- gegen — against/towards

- entlang — along
- bis — until
- ohne — without

Ich laufe durch <u>den</u> Wald.

I run through the forest.

Ich spare mein Taschengeld für <u>ein</u> Handy.

I'm saving up my pocket money for a mobile phone.

The dative case

The dative case is used after certain prepositions.

- aus — from
- außer — except
- bei — at, at the home of
- gegenüber — opposite
- mit — with

- nach — after
- seit — since/for
- von — from
- zu — to

	masculine	feminine	neuter	plural
Dative	dem	der	dem	den
	(k)einem	(k)einer	(k)einem	keinen

- Viele Kinder wohnen eine Woche bei <u>der</u> Mutter und eine Woche <u>bei</u> dem Vater.
- Ich kenne meine beste Freundin seit <u>der</u> Grundschule.
- Nach <u>den</u> Hausaufgaben sehe ich fern.

Remember that you need to add an 'n' to the end of a plural masculine or neuter noun in the dative case: *Ich gehe mit meinen Kinder<u>n</u> ins Kino.*

Dual-case prepositions

The following prepositions can take the accusative or the dative case depending on whether movement towards something is involved.

- an — at
- auf — on
- hinter — behind
- in — in
- neben — next to

- über — over
- unter — under
- vor — in front of
- zwischen — between

THINGS TO DO AND THINK ABOUT

Note the following:

in + das = ins   in + dem = im

If there is movement towards a place, use the accusative case:
- Wir gehen in <u>den</u> Jugendklub/in <u>die</u> Eishalle/<u>ins</u> Theater.
- Wir fahren oft <u>aufs</u> Land.

If there is no movement towards a place, then use the dative case:
- Wir sind <u>im</u> Jugendklub/<u>in der</u> Eishalle/<u>im</u> Theater.
- Wir wohnen auf <u>dem</u> Land.

 VIDEO LINK

Head to www.brightredbooks.net to watch a clip on the accusative case.

 ONLINE

Learn about the genitive case at www.brightredbooks.net

 VIDEO LINK

Check out the video about the dative case at www.brightredbooks.net

 DON'T FORGET

It is important to show that you know how to form negatives in your essays.

 ONLINE TEST

Test yourself on this topic at www.brightredbooks.net

ADJECTIVES, PRONOUNS AND VERBS

Now let's look at some other types of words.

ADJECTIVES

When the adjective comes after the verb, there is no change:

- Mein Haus ist groß und modern.

But when the adjective comes before the noun, we need to add endings to reflect the case the noun is in.

- Ich habe ein großes, modernes Haus.

We will focus here on the most common adjectival endings you are most likely to use in your writing.

Adjectival endings with the indefinite article *ein*. You can also use these endings after *kein* (no, not a) and the possessive adjectives *mein/dein* etc. (see below).

	masculine	feminine	neuter	plural
Nominative	ein klein**er** Hund	eine klein**e** Katze	ein klein**es** Haus	meine klein**en** Kinder
Accusative	einen klein**en** Hund	eine klein**e** Katze	ein klein**es** Haus	meine klein**en** Kinder
Dative	einem klein**en** Hund	einer klein**en** Katze	einem klein**en** Haus	meinen klein**en** Kinder**n**

- Meine Stadt hat einen schön<u>en</u> Park, eine alt<u>e</u> Kirche und ein modern<u>es</u> Schwimmbad.
- Ich wohne in einem hübsch<u>en</u>, ruhig<u>en</u> Dorf.

Possessive adjectives

These follow the same pattern as *ein*.

- mein — my
- dein — your
- sein — his
- ihr — her

- unser — our
- euer — your (plural of *du*)
- Ihr — your (polite)
- ihr — their

	masculine	feminine	neuter	plural
Nominative	mein	meine	mein	meine
Accusative	meinen	meine	mein	meine
Dative	meinem	meiner	meinem	meinen

- Ich habe eine gute Beziehung zu <u>meinem</u> Vater.
- Ich verstehe mich gut mit <u>meiner</u> Mutter.
- Ich liebe <u>meinen</u> Hund.

Comparisons

To show a comparison, you add *-er* to the adjective, just as you do for many English adjectives (strong – stronger). To form the superlative, add *-(e)ste*.

- Ich bin kräftig.   I am strong.
- Mein Bruder ist kräftiger.   My brother is stronger.
- Mein Vater ist der kräftigste.   My father is the strongest.

Some adjectives change in the comparative and superlative forms.

alt (old)	älter (older)	älteste (oldest)
jung (young)	jünger (younger)	jüngste (youngest)
groß (big)	größer (bigger)	größte (biggest)
gut (good)	besser (better)	beste (best)

contd

Use *gern* (like), *lieber* (prefer) and *am liebsten* (like most of all) to compare your likes and dislikes. Remember that *gern* and *lieber* go after the verb and *am liebsten* goes at the beginning of the sentence.

- Ich kaufe <u>gern</u> Kinokarten.   I like buying cinema tickets.
- Ich kaufe <u>lieber</u> Kleidung.   I prefer buying clothes.
- <u>Am liebsten</u> kaufe ich Computerspiele.   Best of all I like to buy computer games.

PRONOUNS

Pronouns are used to avoid repeating nouns. They change depending on which case they are in.

Ich mag meinen Bruder, weil <u>er</u> lustig ist. Ich finde <u>ihn</u> sehr freundlich. Ich verstehe mich gut mit <u>ihm</u>.

Ich liebe meine Eltern. <u>Sie</u> sind tolerant. Ich finde <u>sie</u> verständnisvoll. Ich habe eine gute Beziehung zu <u>ihnen</u>.

Some expressions require a dative pronoun.

- Deutsch gefällt <u>mir</u> gut.   I really like German.
- Es gefällt <u>mir</u> schwer, früh aufzustehen.   I find it difficult to get up early.
- Das Essen hat <u>mir</u> gut geschmeckt.   I enjoyed the food.
- Es scheint <u>mir</u>, dass die Schule zu viele Regeln hat.   It seems to me that the school has too many rules.

Nominative	Accusative	Dative
ich	mich	mir
du	dich	dir
er/sie/es	ihn/sie/es	ihm/ihr/ihm
wir	uns	uns
ihr	euch	euch
Sie/sie	Sie/sie	Ihnen/ihnen

 **DON'T FORGET**

Start to become more aware of verbs and their endings in the reading texts.

VERBS AND TENSES

You should spend quite a bit of time learning verbs and understanding tenses.

Your first task is to become familiar with the most important verbs in their infinitive form. This is how you find a verb in the dictionary.

Present tense

The present tense describes what is happening now:

ich schwimme   I swim/I am swimming/I do swim

The verb takes a different ending according to who is doing the action.

To form the present tense:

1. take the infinitive, for example *schwimmen*
2. remove the *-en* at the end to get the stem – *schwimm*
3. add the following endings

ich schwimm<u>e</u>   I swim
du schwimm<u>st</u>   you swim
er/sie/es schwimm<u>t</u>   you/he/she it swims
wir schwimm<u>en</u>   we swim
ihr schwimm<u>t</u>   you swim
Sie schwimm<u>en</u>   you swim
sie schwimm<u>en</u>   they swim

arbeiten	to work	schlafen	to sleep
besichtigen	to visit	schmecken	to taste
besuchen	to visit	schreiben	to write
bleiben	to stay	schwimmen	to swim
brauchen	to need	sehen	to see
essen	to eat	sein	to be
fahren	to travel	singen	to sing
fallen	to fall	sitzen	to sit
fliegen	to fly	sparen	to save
geben	to give	spielen	to play
gehen	to go	sprechen	to speak
haben	to have	suchen	to search for
helfen	to help	tanzen	to dance
holen	to fetch	tragen	to wear/carry
kaufen	to buy	treffen	to meet
kommen	to come	trinken	to drink
kosten	to cost	tun	to do
laufen	to run	verstehen	to understand
lesen	to read	warten	to wait
machen	to do	waschen	to wash
nehmen	to take	werden	to become
reisen	to travel	wissen	to know
sagen	to say	wohnen	to live

 ## THINGS TO DO AND THINK ABOUT

As you work though reading and listening texts in class, make sure that you note down any new adjectives and verbs that you come across.

To get a score of 10 in your essays, you should try to use a different verb in every sentence.

 ONLINE TEST

Test yourself on this topic at www.brightredbooks.net

MORE ON VERBS

essen (to eat)	du isst	er isst
geben (to give)	du gibst	er gibt
helfen (to help)	du hilfst	er hilft
nehmen (to take)	du nimmst	er nimmt
sprechen (to speak)	du sprichst	er spricht
lesen (to read)	du liest	er liest
sehen (to see)	du siehst	er sieht
fahren (to travel)	du fährst	er fährt
tragen (to wear)	du trägst	er trägt
treffen (to meet)	du triffst	er trifft
werden (to become)	du wirst	er wird

IRREGULAR VERBS – PRESENT TENSE

Some verbs have a vowel change in the *du* and *er/sie/es* forms of the present tense. The endings remain the same.

In your short essay, it is a good idea to talk about another person. This gives you the opportunity to show off your knowledge of these irregular verbs.

- Ich lese gern Zeitschriften, aber meine Freundin <u>liest</u> lieber die Zeitung.

The two most important irregular verbs are *haben* (to have) and *sein* (to be). These will be discussed in the perfect tense section.

SEPARABLE VERBS

These verbs have two parts: a prefix and the main verb. They go their separate ways when used in a sentence.

- fern/sehen (to watch TV)   Ich sehe jeden Abend <u>fern</u>.
- herunter/laden (to download)   Ich lade Musik <u>herunter</u>.
- hoch/laden (to upload)   Ich lade Fotos <u>hoch</u>.

REFLEXIVE VERBS

Some verbs take a reflexive pronoun. Reflexive verbs often (although not always) express the notion that the person is doing the action to him- or herself. For example, *sich waschen* to wash oneself (as opposed to someone/something else)

The reflexive pronouns are as follows:
sich interessieren für (to be interested in)

ich interessiere <u>mich</u> für	wir interessieren <u>uns</u> für
du interessierst <u>dich</u> für	ihr interessiert <u>euch</u> für
er/sie/es interessiert <u>sich</u> für	Sie/sie interessieren <u>sich</u> für

Here are some other reflexive verbs you could make use of:

sich langweilen (to get bored)   Wir langweilen uns sehr im Matheunterricht.
sich freuen auf (to look forward to)   Ich freue mich auf die Ferien.

DON'T FORGET ✚

Try to include at least one example of a separable verb and a reflexive verb in all your writing tasks.

MODAL VERBS

A modal verb combines with another verb (in the infinitive form) to indicate mood. The modal verb goes second in the sentence, while the infinitive goes to the end.

können	to be able to	dürfen	to be allowed to
ich kann		ich darf	
du kannst		du darfst	
er/sie/es kann		er/sie/es darf	
wir können		wir dürfen	
ihr könnt		ihr dürft	
Sie/sie können		Sie/sie dürfen	

- Ich <u>kann</u> schwimmen

- Ich <u>darf</u> bei Freunden übernachten.

contd

müssen	to have to (must)
ich muss	
du musst	
er/sie/es muss	
wir müssen	
ihr müsst	
Sie/sie müssen	

- Ich <u>muss</u> meine Hausaufgaben jeden Abend machen.

wollen	to want to
ich will	
du willst	
er/sie/es will	
wir wollen	
ihr wollt	
Sie/sie wollen	

- Wir <u>wollen</u> heute Abend ins Kino gehen.

sollen	to be supposed to/ought to
ich soll	
du sollst	
er/sie/es soll	
wir sollen	
ihr sollt	
Sie/sie sollen	

- Ich <u>soll</u> am Wochenende mein Zimmer aufräumen.

mögen	to like (to)
ich mag	
du magst	
er/sie/es mag	
wir mögen	
ihr mögt	
Sie/sie mögen	

- Wir <u>mögen</u> Abenteuerfilme.

 **DON'T FORGET**

You will often find the modal verbs in the imperfect tense. The most frequent examples are *ich musste* I had to, *ich sollte* I should, *ich konnte* I could.

 **DON'T FORGET**

Remember to get the opening line of your Directed Writing correct: ich bin nach Deutschland gefahren.

PERFECT TENSE

The perfect tense allows you to talk about what you did in the past. To form the perfect tense, you need two parts: the auxiliary verb *haben* or *sein* and the past participle.

To form the past participle:

1 take the infinitive, for example *spielen*

2 remove the *-en* at the end to get the stem – *spiel*

3 add *ge-* at the beginning and *-t* to the end: <u>gespielt</u>

The form of *haben* or *sein* is in second place in the sentence, and the past participle is at the end.

- Wir <u>haben</u> Tennis <u>gespielt</u>.
- Er <u>hat</u> in Berlin <u>gewohnt</u>.

The past participle of verbs starting with *be-* and *ver-* do not have *ge-* at the beginning, although they do still end in *-t*.

- Ich habe das Schloss <u>be</u>sucht.
- Ich habe mein Portemonnaie <u>ver</u>loren.

With separable verbs, the *ge-* goes between the prefix and the main verb.

- Ich habe Musik hoch<u>ge</u>laden.

haben (to have)	sein (to be)
ich habe	ich bin
du hast	du bist
er/sie/es hat	er/sie/es ist
wir haben	wir sind
ihr habt	ihr seid
Sie/sie haben	Sie/sie sind

VERBS WITH *SEIN*

Most verbs that take *sein* as the auxiliary express movement towards a place, for example *gehen, fahren, fliegen*. Some, however, show no movement, for example *bleiben* (to stay), *werden* (to become).

- Ich <u>bin</u> reifer geworden.

 ONLINE

Learn more about the past tense, separable verbs and modal verbs by following the links at www.brightredbooks.net

 THINGS TO DO AND THINK ABOUT

Remember that when you are looking up a verb in the English–German side of the dictionary you will only find the infinitive form. On the German–English side, irregular forms of verbs are sometimes listed with their part of speech and infinitive form: **ging** *imperf von* **gehen**.

 ONLINE TEST

Test yourself on this topic at www.brightredbooks.net

TWO MORE TENSES, WORD ORDER, CONJUNCTIONS

TWO MORE TENSES

The imperfect tense

You need to be able to recognise the imperfect tense in Reading and Listening texts. You will also use it in the Directed Writing paper when you want to describe things in the past.

Ich wohnte in Berlin   I lived in Berlin/I was living in Berlin/I used to live in Berlin.

To form the imperfect tense:

1   take the infinitive, for example *wohnen*
2   remove the *-en* at the end to get the stem – *wohn*
3   add the following endings

haben	sein
ich hatte	ich war
du hattest	du warst
er/sie/es hatte	er/sie/es war
wir hatten	wir waren
ihr hattet	ihr wart
Sie/sie hatten	Sie/sie waren

ich woh**nte**   I lived/was living
du wohn**test**   you lived/were living
er/sie/es wohn**te**   he/she/it lived/was living
wir wohn**ten**   we lived/were living
ihr wohn**tet**   you lived/were living
Sie/sie wohn**ten**   you/they lived/were living

The verbs you are most likely to come across in the imperfect tense are *haben* and *sein*.

Irregular verbs

Irregular verbs (also called strong verbs)

Here are some of the most common verbs you are likely to come across, with their stems. The endings are also different. Refer to the example below.

gehen	ging
fahren	fuhr
finden	fand
kommen	kam
nehmen	nahm
sehen	sah
tragen	trug

To those stems are added the following endings:

Ich **ging**/du ging**st**/er/sie **ging**/wir ging**en**/ihr ging**t**/Sie ging**en**/ sie ging**en**.

- Ich ging in die Stadt.
- Wir gingen in die Oper.

The future tense

You use the future tense to talk about things you **will** do in the future.

To form the future tense, you need the present tense of *werden* (to become) and the infinitive, which goes at the end.

ich werde   zur Uni gehen
du wirst
er/sie/es wird
wir werden
ihr werdet
Sie/sie werden

The conditional tense

The conditional tense is used to talk about things you **would** do.

To form the conditional, you need the correct part of *würde* and the infinitive, which goes at the end.

ich würde   ein Schloss kaufen
du würdest
er/sie/es würde
wir würden
ihr würdet
Sie/sie würden

WORD ORDER

Mastering the word-order rules in German will make or break you. It is worth spending a lot of time learning and practising these.

The most important rule is that the verb must always come **second**.

contd

- Ich <u>fahre</u> in den Urlaub.
- Ich <u>bin</u> nach Deutschland gefahren. (perfect tense)

It is common in German to start a sentence with a time phrase. The verb must STILL come second, and so the subject and verb will change places.

- Im Juli <u>fahre ich</u> in den Urlaub.
- Letztes Jahr <u>bin ich</u> nach Italien geflogen.

When adding in more detail, you need to follow this formula:
1 when   2 with whom/how   3 where

- Ich gehe (1) am Samstag (2) mit meinen Freunden (3) ins Kino.
- Ich fahre (1) jeden Winter (2) mit dem Zug (3) in die Schweiz.

DON'T FORGET

It is vitally important to master the word-order rules. This is the most common mistake candidates make in essays.

CONJUNCTIONS

Sentences are made up of clauses. Every sentence has a main clause, and more complex sentences also have what are known as subordinate clauses. A subordinate clause contains extra information which adds to the meaning of the sentence. Main clauses can stand on their own, but a subordinate clause cannot exist without a main clause. A conjunction links two sentence halves together, which is why it is sometimes known as a 'linking word'.

Coordinating conjunctions

With *und* (and), *aber* (but), *sondern* (but, in negative sentences), *oder* (or) and *denn* (because) there is no change to the word order.

- Ich wohne in Ahrensburg, aber ich arbeite in Hamburg.

You should always put a comma before the conjunction, with one exception: *und* only has a comma before it if the second part of the sentence has a subject pronoun or name in it.

- Er spielt Golf, und Mia geht reiten.
- Mia spielt Tennis und geht reiten.

Subordinating conjunctions

These conjunctions send the verb to the end of the sentence.

The subordinating conjunctions you will be most familiar with are *weil* (because), *dass* (that) and *wenn* (if/when).

- Ich gehe gern in die Schule, <u>weil</u> meine Freunde dort sind.
- Ich weiß, <u>dass</u> ich gesund essen sollte.

Here are some more for you to try using. Note that when you start the sentence with the conjunction you end up with a verb, comma, verb situation.

ONLINE

To learn more about word order and conjunctions, follow the links at www.brightredbooks.net

| als | when (with past tenses) | nachdem | after | sobald | as soon as |

- <u>Als</u> ich zehn Jahre alt war, ging ich oft ins Schwimmbad.
- <u>Nachdem</u> ich mit meinen Hausaufgaben fertig bin, surfe ich im Internet.
- <u>Sobald</u> ich die Schule verlasse, werde ich einen Job suchen.

bevor   before

- <u>Bevor</u> ich ins Bett gehe, lese ich mein Buch.

obwohl   although

- <u>Obwohl</u> ich viel Obst esse, bin ich noch übergewichtig.

Um ... zu clauses

The *um ... zu* construction means 'in order to' and is very commonly used.

- Ich gehe joggen, <u>um</u> fit <u>zu</u> bleiben.
- Ich mache meine Hausaufgaben, <u>um</u> gute Noten <u>zu</u> bekommen.

ONLINE TEST

Test yourself on this topic at www.brightredbooks.net

 THINGS TO DO AND THINK ABOUT

A good way to use the imperfect tense is to talk about what you used to do in the past.

- Als ich jünger war, spielte ich oft Tennis.
  When I was younger, I used to often play tennis.
- Als ich zehn Jahre alt war, ging ich oft in die Eishalle.
  When I was ten, I often used to go to the ice rink.

APPENDICES

GLOSSARY OF KEY GRAMMATICAL TERMS

It is important that you understand how a language is structured.

The following list explains the main grammatical terms. You may already have come across some of them. However, you should make sure you know exactly what each one means, as they will help you gain a better understanding of how the language works.

adjective – a word used to describe a noun. It must agree with the noun it is describing, in terms of both the gender and the case.

article – a word for 'the' (definite article) or 'a/an' (indefinite article). In German, the definite article is *der, die, das, die* and the indefinite article *ein, eine, ein*. These change depending on the case.

auxiliary verb – a 'helping' verb. Auxiliary verbs are usually used to help form another verb tense. In German, they are *haben* and *sein* and are used to form the perfect and pluperfect tenses.

case – a case shows the function of a noun in sentence. There are four cases: Nominative, Accusative, Genitive and Dative.

clause – a group of words that forms part of a sentence. There are two types of clause: a main clause can stand on its own and make sense, while a subordinate clause is a part of a sentence and does not make sense on its own. For example, in 'I saw the man who was wearing a hat', the main clause is 'I saw the man' and the subordinate clause is 'who was wearing a hat'.

comparative – the form of an adjective that allows two or more people or things to be compared. In German, *-er* is normally added to the end of an adjective to make the comparison, for example *Karl ist schneller als David* (Karl is faster than David).

conditional tense – a tense used to describe what someone would do or what would happen, for example *ich würde Tennis spielen* (I would play tennis).

conjunction – a word that joins two parts of a sentence together, for example *und* (and), *aber* (but), *oder* (or).

future tense – a tense used to describe what someone will do or what will happen in the future, for example *ich werde Tennis spielen* (I will play tennis).

gender – a word that denotes whether a noun is masculine, feminine or neuter. All German nouns have a gender.

imperative – the command form of the verb, used when you are telling someone to do something, for example *Steh auf!* (Stand up!).

imperfect tense – a tense used to describe a past repeated action, what used to happen, what was happening or what something was like in the past, for example *ich spielte Tennis* (I used to play/was playing tennis).

infinitive – the form of the verb you find in the dictionary. In German, the infinitive of the verb ends in *-en* (*gehen, spielen*). In English, the infinitive will have the word 'to' in front of it (to go, to play).

irregular verb – a verb that does not follow a set pattern when it is conjugated (put in different forms in different tenses), for example *haben* (to have), *sein* (to be).

modal verb – a verb that combines with another verb to indicate desire, necessity or possibility, for example *wollen* (to want to), *müssen* (to have to), *können* (to be able to).

noun – a word that names a person, place, thing, quality or action. Nouns are always written with a capital initial in German, for example *der Junge* (boy), *das Glück* (happiness).

number – this refers to whether the noun is singular or plural.

past participle – one of the past forms of a verb. In English, we usually add '-ed' to the end of the verb (for example, play – played). In German, most verbs add *ge-* to the front of the stem and *-t* to the end (for example *spielen – gespielt*).

perfect tense – a tense used to describe a past completed action, for example *ich habe Tennis gespielt* (I have played tennis).

possessive adjective – a word that tells you to whom something belongs. They are *mein* (my), *dein* (your), *sein* (his), *ihr* (her), *unser* (our), *euer* (your), *Ihr* (your), *ihr* (their).

preposition – a word that tells you where someone or something is situated in relation to another person or thing, for example *auf* (on), *unter* (under).

present tense – a tense used to describe what usually happens or what is happening now, for example *ich spiele Tennis* (I play/am playing tennis).

pronoun – a word that stands in place of a noun. There are many different kinds of pronouns (see below).

reflexive pronoun – a word used with a reflexive verb to describe an action carried out to oneself. These are *mich* (myself), *dich* (yourself), *sich* (himself/herself/itself/themselves/yourselves), *uns* (ourselves), *euch* (yourselves).

regular verb – a verb that follows a set pattern when conjugated (put in different forms in different tenses), for example *spielen* (to play).

relative pronoun – a pronoun used to join two parts of a sentence together, for example *Ich habe einen Bruder, der Marcus heißt* (I have a brother <u>who</u> is called Marcus).

subject pronoun – the person or thing that carries out the action of the verb, for example *ich* (I), *du* (you), *er* (he), *sie* (she) and so on.

superlative – the form of an adjective that shows the highest extent of a quality or characteristic, for example *der schnellste* (the fastest).

tense – a verb tense tells us when the action is taking place (present, past, future).

verb – a word that describes an action or state, for example *ich <u>spiele</u> Tennis* (I play tennis), *er <u>hat</u> einen Bruder* (he <u>has</u> a brother).

TRANSCRIPTS

SOCIETY

Family: relationships and arguments – Familie: Beziehungen und Streite

 **ACTIVITY** LISTENING: MIA'S FAMILY

Im Allgemeinen verstehe ich mich gut mit meiner Mutter, aber letztes Jahr hat sich alles verändert. Meine Mutter hat einen neuen Partner gefunden und sie haben geheiratet.

Meine Mutter hat jetzt keine Zeit für mich und kümmert sich kaum um mich. Ich kann meine Probleme nicht mehr mit ihr besprechen. Das tut mir sehr leid. Ich vermisse unsere enge Beziehung. Außerdem streite ich mich ständig mit meinem Stiefvater. Meiner Meinung nach ist er sehr streng und wirklich ungeduldig. Er behandelt mich wie ein Baby und er kritisiert meine Freunde. Er ist immer schlecht gelaunt. Ich bekomme kein Taschengeld mehr. Ich bin so unglücklich und möchte sobald wie möglich ausziehen.

Living with parents – Bei den Eltern wohnen

 **ACTIVITY** LISTENING: LIVING WITH PARENTS

Viele Jugendliche wohnen nach dem Schulabschluss weiterhin bei den Eltern. Das „Hotel Mama" ist sehr beliebt. Es ist nicht nur kostengünstig, sondern auch bequem. Noch nie sind Jugendliche so spät zu Hause ausgezogen wie heutzutage.

Für die meisten Jugendlichen, die noch im Elternhaus wohnen, ist das Leben einfacher. Sie haben entweder keine Hausarbeit zu machen oder wenigstens nicht so viel; kein Kochen, keine Wäsche waschen, zum Beispiel. Sie können sich besser auf das Studium konzentrieren.

Außerdem kostet das Leben bei den Eltern weniger Geld als eine Wohnung zu mieten – auch wenn man den Eltern Miete zahlen muss. Noch ein Vorteil ist, dass man sich nicht so allein fühlt und man immer in Gesellschaft ist. Aber es gibt natürlich auch ein paar Nachteile. Man hat weniger Freiheit und ist nicht so unabhängig. Man kann das Elternhaus nicht wie ein Hotel behandeln. Man muss den Eltern sagen, wann man abends nach Hause kommt. Man hat weniger Verantwortungen und zur Folge weniger Vorbereitung für die Zukunft. Man lernt nicht, wie man mit Nebenkosten und Geld umgeht.

Um ehrlich zu sein, ob man bei den Eltern wohnt oder nicht hängt oft von der Persönlichkeit des Jugendlichen ab. Hauptsache ist, dass man sich Gedanken darüber macht.

Family Models – Familienmodelle

 **ACTIVITY** LISTENING: DIVORCE

Florian

Meine Eltern sind seit meinem vierten Lebensjahr geschieden. Ich finde meinen Vater egoistisch und gemein. Er hat sich nie für mich interessiert, nicht einmal zum Geburtstag eine Karte geschickt oder angerufen. Ich kann nicht vergessen, dass er nicht bei uns wohnen wollte. Ich habe einfach kein Vertrauen zu ihm. Für meine Mutter war es schwierig, alleinerziehend zu sein. Sie musste das Familienhaus verkaufen und eine kleine Wohnung kaufen. Sie musste auch einen Teilzeitjob in einem Büro finden. Ich bin dafür sehr dankbar. Aber sie ist doch sehr ängstlich, weil ich Einzelkind bin. Ich muss ihr immer sagen, wohin ich gehe und mit wem. Sie besteht immer darauf, mich von Partys abzuholen, obwohl ich gern bei meinen Freunden übernachten würde.

Christina

Ich habe eine Stieffamilie. Meine Eltern haben sich vor drei Jahren geschieden. Es war eine sehr schwierige Zeit für uns alle. Aber es war doch das beste. Es gab nur Streit bei uns zu Hause. Letztes Jahr hat meine Mutter meinen Stiefvater geheiratet. Jetzt habe ich zwei Stiefschwestern, weil mein Stiefvater zwei Kinder mit in die Ehe gebracht hat. Im Allgemeinen verstehe ich mich sehr gut mit meinem Stiefvater. Er ist verständnisvoll und gibt mir gute Ratschläge. Ab und zu gibt es schon Probleme bei uns, weil ich finde, dass mein Stiefvater seine Töchter vorzieht. Er finanziert ihre Handys, während ich meins selber bezahlen muss.

Friends – Freunde

 **ACTIVITY** LISTENING: FRIENDSHIP

Ich habe einen guten Freundeskreis. Ich habe Freunde aus der Schule, aus der Tanzgruppe und auch aus meiner Gegend. Ich habe eine beste Freundin, die Tina heißt. Ich kenne sie seit der Grundschule. Sie ist sehr vertrauenswürdig und wirklich hilfsbereit. Ich kann mich auf sie verlassen. Sie ist immer für mich da. Ich kann meine Probleme mit ihr besprechen. Wir haben die gleichen Interessen. Wir gehen beide sehr gern Eislaufen. Es ist schwierig, eine gute Freundin zu finden. Meiner Meinung nach hat eine gute Freundin immer Zeit für mich und auch viel Geduld. Man kann über alles reden. Auch Unterstützung ist in einer Freundschaft echt wichtig.

contd

ACTIVITY: LISTENING: BULLYING

Letztes Jahr ist meine Familie aus München nach Hamburg gezogen. Es war eine schwere Zeit für mich. Ich musste in einer neuen Schule anfangen. Ich bin von Natur aus sehr schüchtern und ich finde es schwierig, neue Leute kennenzulernen. In meiner neuen Schule war ich Außenseiter. Meine Klassenkameraden haben mich ausgeschlossen. Ich kam aus Süddeutschland und sprach mit einem anderen Akzent. Ich bin klug und fleißig und habe in jeder Klassenarbeit eine eins bekommen. Das mochten sie auch nicht. Zuerst haben sie einen Spitznamen für mich erfunden. Während der Pause hat niemand mit mir gesprochen. Am Wochenende wurde ich nie eingeladen. Ich habe die gemeinen Bemerkungen einfach ignoriert. An einem Tag stand ich allein auf dem Schulhof und zwei Jungs haben mich geschubst und geschlagen. Ein anderer Junge hat den Angriff auf seinem Handy gefilmt. Das war für mich zu viel. Ich bin zum Klassenlehrer gegangen und habe ihm alles erzählt. Jetzt bin ich in einer anderen Klasse und meine neue Klassenkameraden akzeptieren mich. Es gibt keine Probleme. Mobbing ist unfair und gefährlich. Viele Opfer werden deprimiert und verlieren ihr Selbstvertrauen. Wir müssen alle gegen Mobbing kämpfen.

Marriage and partnership – Ehe und Partnerschaft

ACTIVITY: LISTENING: FOR AND AGAINST MARRIAGE

Frau Hillert
Mein Mann und ich sind seit zehn Jahren verheiratet und wir verstehen uns noch sehr gut. Wir haben die gleichen Interessen und das hilft natürlich. Wir reden über alles miteinander und wir streiten uns sehr wenig. Für mich bedeutet die Ehe die wahre Liebe. Eine Ehe zeigt eine Verpflichtung für das Leben und hat mehr Dauerhaftigkeit. Es gibt eine Menge steuerliche Vorteile, wenn man verheiratet ist.

Max
Ich wohne mit meiner Partnerin zusammen und wir sind glücklich. Wir haben keine Lust zu heiraten. Für uns ist die Ehe nur ein Stück Papier, das nicht wichtig ist. Das Leben ist ständig im Wandel. Ich glaube nicht, dass man jemanden für das ganze Leben lieben kann. Auf immer und ewig ist unrealistisch. Heute beherrscht die Schnelllebigkeit unser Leben. Man sucht immer etwas Neues.

Julia
Ich bin Single und ich genieße mein Leben. Ich habe einen großen Freundeskreis, aber ich bin auch gern allein. Viele Leute heiraten zu jung und sie denken nur an die romantische Idee von einer weißen Hochzeit. Sie begreifen die Verantwortung nicht, die mit einer Ehe kommt. Eine Hochzeit kostet so viel Geld. Sie ist eine Geldverschwendung. Liebe ist wichtiger als ein Blatt Papier.

Free time – Freizeit

ACTIVITY: LISTENING: DIE DEUTSCHEN UND IHRE FREIZEIT

Fernsehen ist die liebste Freizeitbeschäftigung der Deutschen. 97 Prozent sehen gern fern. 90 Prozent der Befragten hören oft Radio, ob im Auto, in der Küche oder als Wecker. 89 Prozent telefonieren mindestens einmal wöchentlich in den eigenen vier Wänden. 73 Prozent surfen im Internet. 72 Prozent lesen eine Zeitung oder eine Zeitschrift.

71 Prozent der Befragten nehmen sich mindestens einmal pro Woche Zeit, sich Gedanken zu machen. 70 Prozent telefonieren gern mit dem Handy unterwegs.

68 Prozent der Befragten wollen Zeit mit dem Partner verbringen.

Fast ebenso beliebt ist das Ausschlafen. 65 Prozent der Befragten gaben an, mindestens einmal pro Woche auf den Wecker zu verzichten. 64 Prozent der Deutschen nutzen den Feierabend, um mit Freunden oder der Familie über wichtige Dinge zu reden.

Technology – Technologie

ACTIVITY: LISTENING: THE DANGERS OF THE INTERNET

Melanie und ihre Mutter haben die gleichen Interessen. Sie reden gern – über Liebe, Beziehungen und vieles mehr. Der Unterschied? Melanie tut das am liebsten im Internet, ihre Mutter dagegen benutzt das Telefon.

Melanie ist erst 16 Jahre alt und ist mit Computer und Internet aufgewachsen. Sie besucht Chatrooms und pflegt ihre Facebookseite. Mit 400 Freunden braucht das natürlich eine Menge Zeit. Facebook findet sie praktisch, besonders wenn Veranstaltungen geplant werden und Fotos geteilt. Sie schreibt mehrmals am Tag und guckt ständig, um zu sehen, was ihre Freunde gerade schreiben.

Die Mutter von Melanie ist neugierig und hört gern, wenn Melanie von Bekannten erzählt. Sie ist manchmal auch besorgt, dass zu viele intime Details von Melanies Leben in der virtuellen Welt herumkreisen und dass ihre Tochter dadurch später Schwierigkeiten haben könnte. Nicht nur Kinder melden sich in Chatrooms an. Kriminelle, die Kinder verführen wollen, sind auch dabei. Es gibt viele Fake-Profile. Nicht alle Nutzer benutzen ihre echten Namen. Die Mutter von Melanie hat versucht ihrer Tochter die Gefahren zu erklären und ihr Ratschläge zu geben.

Sie sollte ihr Profil nur für bestätigte Freunde und Familienmitglieder zugänglich machen und verdächtige

contd

Profile blockieren. Sie sollte nie ihre Adresse oder Telefonnummer ausgeben. Man sollte auch keine peinlichen Fotos posten. Facebook speichert die Daten für immer.

Mobile phones – Handys

ACTIVITY LISTENING: MOBILE PHONES

Mein Handy ist mein Leben. Ich benutze mein Handy ständig. Ich surfe im Internet und ich lade Musik herunter. Wenn ich im Bus sitze, spiele ich oft Computerspiele. Es ist für meine Eltern beruhigend. Sie können mich jederzeit erreichen. Ein Handy ist nützlich in Notfällen. Man kann den Notdienst anrufen, wenn man eine Panne hat. Das Handy dient als Notizzettel, Fotoalbum und Terminkalender. Ein Nachteil ist, dass ein Handy teuer ist und leicht zur Sucht werden kann. Man hat nicht immer Empfang.

Media – Die Medien

ACTIVITY LISTENING: UNDERSTANDING STATISTICS

Hier sind die Ergebnisse einer Umfrage über Fernsehgewohnheiten. Die Zeitschrift „Jugend" hat 1000 Jugendliche gefragt: „Was siehst du gern im Fernsehen?"

1   Fast doppelt so viele Jungen wie Mädchen sehen gern Sportsendungen.

2   Fast genauso viele Mädchen wie Jungen sehen gern Komödien.

3   Liebesfilme sind bei den Mädchen am beliebtesten.

4   Ein Viertel der Jungen sieht gern Natursendungen.

5   Ein Drittel der Mädchen sieht gern Serien.

6   Die Nachrichten sind nicht beliebt.

ACTIVITY LISTENING: GIVING OPINIONS ABOUT TV

Part 2

Mia

Für mich ist das Fernsehen gesellig. Ich spreche mit meinen Freunden oder mit meiner Familie über den Inhalt von Fernsehsendungen. Das Fernsehen bietet eine harmlose Flucht aus dem Alltag. Man kann seine Sorgen vergessen. Nach einem langen Arbeitstag ist es entspannend, fernzusehen. Die Seifenopern ersetzen die sozialen Kontakte für viele Menschen, die allein wohnen.

Max

Ich bin nicht einverstanden. Das Fernsehen ist ungesund. Man sitzt zu lange vor dem Fernseher, isst dabei und bewegt sich nicht. Das führt zu Übergewicht. Kinder sind wengiger aktiv, weniger erfinderisch, finden es schwieriger Kontakte mit anderen aufzubauen. Es gibt nur sehr wenige Sendungen von hoher Qualität.

Health – Gesundheit

ACTIVITY LISTENING: HEALTHY LIVING

Die Gesundhcit ist wichtig für mich. Ich esse meistens eine gesunde Ernährung aus frischer vitaminreicher Nahrung. Ich versuche fünf Portionen Obst und Gemüse am Tag zu essen. Ich esse nur wenig Fleisch, aber esse lieber Hähnchen oder Fisch. Ich vermeide Fett, Salz und Zucker.

Ich trinke zwei Liter Flüssigkeit am Tag. Ich entspanne mich jeden Abend. Ich sehe fern oder ich lese ein Buch. Ich weiß, dass genug und regelmäßig Schlafen wichtig ist. Ich versuche jede Nacht acht Stunden zu schlafen. Ich denke immer positiv und ich motiviere mich mit positiven Sätzen.

Ich rauche nicht, weil Rauchen gesundheitsschädlich ist. Ich genieße Alkohol in Maßen. Ich bewege mich ausreichend. Ich treibe fünfmal pro Woche eine halbe Stunde Ausdauersport. Ich habe gesunde Beziehungen zu meiner Familie und meinen Freunden. Erfüllte Beziehungen sind wichtig für die Lebensqualität.

ACTIVITY LISTENING: SPORT

Das alte Klischee, dass die besten Schüler den ganzen Tag über ihren Büchern sitzen und völlig unsportlich sind, ist falsch. Ganz im Gegenteil: Wer Sport treibt, bleibt nicht nur körperlich gesund. Die Konzentration steigt, der Stress nimmt ab, das Gehirn funktioniert besser.

Eine Studie hat gezeigt, dass fast ein Drittel der Jugendlichen über 15 Jahren sich nicht ausreichend bewegt, bei den 13- bis 15-Jährigen sind es sogar vier von fünf. Anstatt Sport zu treiben, hocken allzu viele Jugendliche lieber vor der Glotze.

Wie kann man also mehr Jugendliche zum Sport motivieren? Zuerst sollte man die Anzahl der Sportstunden in Schulen erhöhen. Man muss die Qualität des Sportunterrichts verbessern, denn zur Zeit sind viele Sportstunden monoton. Auch unsportliche Schüler müssen gefördert werden. Schließlich sollten Schulen, wenn möglich, mit Sportvereinen zusammenarbeiten, um von deren Einrichtungen zu profitieren.

contd

APPENDICES

Teenage addictions – Jugendsucht

ACTIVITY: LISTENING: SMOKING: FÜR ODER GEGEN

1 Ich habe nie geraucht, weil das schlecht für die Gesundheit ist.

2 Ich treibe sehr gern Sport und Sportler rauchen nicht.

3 Rauchen ist entspannend und gesellig.

4 Meiner Meinung nach ist das Rauchen ekelhaft.

5 Ich rauche, weil meine Freunde das machen.

6 Ich finde, dass Rauchen eine Geldverschwendung ist.

7 Igitt! Die Haare und Kleider stinken nach Rauch.

8 Ich finde Rauchen toll, weil ich immer Diät halte.

9 Rauchen ist tödlich. Meine Oma ist an Lungenkrebs gestorben.

10 Das Rauchen verursacht viele Krankheiten und man hat oft eine gelbe Haut und gelbe Zähne.

ACTIVITY: LISTENING: ALCOHOL

Jeder Deutsche trinkt im Durchschnitt circa 9,6 Liter reinen Alkohol pro Jahr. Das entspricht einer Badewanne voll Bier, Wein und Spirituosen. Die meisten Leute genießen Alkohol, aber viele Leute ignorieren die Risiken. Das Limit für eine erwachsene Frau ist ein Glas Alkohol pro Tag und zwei Gläser Alkohol pro Tag für einen erwachsenen Mann. Hier sind sechs Tipps für einen gesundheitsbewussten Alkoholkonsum:

1 Trinken Sie täglich nicht mehr als ein Glas Alkohol.

2 Verzichten Sie an mindestens zwei Tagen pro Woche auf Alkohol.

3 Verzichten Sie auf Alkohol am Arbeitsplatz, im Straßenverkehr und beim Sport.

4 Kein Alkohol in der Schwangerschaft.

5 Geben Sie Kindern keinen Alkohol und kontrollieren Sie den Alkoholkonsum von Jugendlichen.

6 Vermeiden Sie es, Alkohol und Medikamente miteinander zu kombinieren.

ACTIVITY: LISTENING: SMOKING AND ALCOHOL: RALF AND DORIS

Ralf

In meinem Freundeskreis trinken die meisten mal ein Bier oder manchmal bei Partys auch was stärkeres, wie Spirituosen. Eine Party ohne Alkohol ist einfach tote Hose. Wenn du Alkohol getrunken hast, fühlst du dich gut, entspannter, der Stress geht weg. Du hast den Mut, ein Mädchen anzusprechen. Das Problem ist nur, dass einige nicht wissen, wenn sie genug getrunken haben. Sie wissen nicht, wenn sie aufhören sollten.

Doris

Ich war zwölf, als ich meine erste Zigarette rauchte. Eigentlich schmeckte sie überhaupt nicht. Es war an einem Freitagabend nach dem Jugendklub und eine Freundin hat eine Schachtel Zigaretten aus ihrer Tasche geholt. Alle haben eine Zigarette genommen. Ich wollte nicht blöde aussehen. In der Clique ist es schwierig „nein" zu sagen und akzeptiert zu werden.

Citizenship – Bürgerschaft

ACTIVITY: LISTENING: ENVIRONMENTAL PROBLEMS

1 Für mich ist das größte Problem der Treibhauseffekt.

2 Ich mache mir Sorgen über das Aussterben von Tierarten.

3 Ich finde das Problem von Luftverschmutzung sehr wichtig.

4 Für mich ist das größte Problem die Überbevölkerung.

5 Ich finde das Problem von Lärmbelastung sehr wichtig.

6 Ich mache mir Sorgen über das Problem von Kohlendioxid.

7 Für mich ist das größte Problem die Wasserverschmutzung.

8 Meiner Meinung nach gibt es zu viel Müll.

ACTIVITY: LISTENING: SAVE THE ENVIRONMENT

1 Man kann das Haus mit Solarzellen ausstatten.

2 Man kann energiesparende Glühbirnen benutzen.

3 Man sollte öffentliche Verkehrsmittel benutzen.

4 Man könnte Altglas und Altpapier recyceln.

5 Man könnte den Müll trennen.

6 Man könnte mit dem Rad fahren.

7 Man könnte den Abfall kompostieren.

8 Man könnte keine Plastiktüten benutzen.

9 Man könnte Bio-Lebensmittel in einem Reformhaus kaufen.

10 Man könnte immer eine Öko-Tasche mitnehmen.

11 Man könnte Geräte ausschalten.

12 Man könnte duschen statt baden.

13 Man könnte umweltfreundliche Produkte kaufen.

14 Man könnte das Licht ausmachen, wenn man aus dem Zimmer geht.

LEARNING

School subjects – die Schulfächer

ACTIVITY LISTENING: WIE IST EIN GUTER LEHRER?

1 Er hat viel Humor.

2 Er ist geduldig, wenn wir etwas nicht verstehen.

3 Er ist verständnisvoll.

4 Er ist nicht zu streng.

5 Er hat keine Lieblinge in der Klasse.

6 Er gibt eine Strafarbeit nur, wenn es nötig ist.

7 Er organisiert Ausflüge.

8 Er behandelt alle Schüler wie normale Menschen.

9 Er unterrichtet gern.

10 Er kann alles gut erklären.

ACTIVITY LISTENING: WIE LERNST DU AM BESTEN?

1 Ich tippe Notizen auf meinen Computer ab.

2 Ich mache einen Lernplan.

3 Ich lese meine Notizen durch, dann stellt mir meine Mutter ein paar Fragen.

4 Wenn ich lerne, schalte ich mein Handy aus.

5 Ich lerne die wichtigsten Ideen auswendig.

6 Ich mache Übungen im Internet.

7 Beim Lernen mache ich jede Stunde eine Pause.

8 Ich nehme Notizen mit meinem Handy auf.

9 Ich bekomme Nachhilfe.

10 Ich lerne mit meinen Freunden zusammen.

11 Es ist besser früh aufzustehen. Man lernt am meisten am Morgen.

12 Ich lerne am besten mit Karteikarten. Es hilft beim Vokabelnlernen.

School life – das Schulleben

ACTIVITY LISTENING: GEHST DU GERN ZUR SCHULE?

1 Die meisten Lehrer sind hilfsbereit und verständnisvoll.

2 Es gibt eine gute Auswahl an AGs.

3 Der Schultag ist zu lang. Die Schule ist um vier Uhr aus.

4 Viele Schüler sind frech und faul.

5 Es gibt zu viele Regeln.

6 Die Klassenzimmer sind eng und dunkel.

7 Einige Lehrer sind zu streng.

8 Ich bin für die Uniform. Alle sehen gleich aus und es ist besser für die Sicherheit.

9 Die meisten Schüler sind fleißig und wollen erfolgreich sein.

10 Es gibt nicht genug Vereine.

11 Die Klassenzimmer sind hell und gut ausgestattet.

12 Ich finde die Regeln fair und nötig.

Future plans – Zukunftspläne

ACTIVITY LISTENING: FUTURE PLANS

1 Ich werde mir einen Job suchen.

2 Ich werde eine Lehre machen.

3 Ich werde weiterstudieren.

4 Ich werde ein Gap Jahr machen.

5 Ich werde zur Uni gehen.

6 Ich werde die Schule verlassen.

7 Ich werde eine Weltreise machen.

8 Ich werde zu einer technischen Hochschule gehen.

ACTIVITY LISTENING: STUDIUM ODER BERUFSAUSBILDUNG?

Seit einigen Jahren finden viele Jugendliche ein Studium attraktiver als eine Ausbildung. Im Moment gibt es in Deutschland mehr Studierende als Auszubildende. Jugendlichen mit Abitur stehen beide Türen offen. Hier sind zwei verschiedene Meinungen über das Thema.

Ich heiße Doris und ich bin siebzehn Jahre alt. Ich werde mich um eine Berufsausbildung bewerben. Ich möchte sofort mein eigenes Geld verdienen. Außerdem dauert eine Ausbildung nur drei Jahre, ein Studium vielleicht vier, fünf Jahre oder länger. Ich mag keine Theorie und lerne nicht gern. Ich möchte etwas mit meinen Händen tun, etwas Praktisches. Meistens nach einer Ausbildung bekommt man einen Job.

Ich heiße Max und ich bin sechzehn Jahre alt. Eine Ausbildung ist nichts für mich. Sie ist viel zu geregelt. Man kann nicht selbst entscheiden, welche Fächer man studieren möchte. Ich lese gern und ich recherchiere gern ein Thema. Es wird gesagt, dass Nichtakademiker ein größeres Risiko haben, arbeitslos zu werden, als

contd

Akademiker. Als Akademiker verdient man später mehr und hat bessere Karrierechancen. Für bestimmte Branchen braucht man ein Studium.

ACTIVITY: LISTENING: EINE DUALE BERUFSAUSBILDUNG

In Deutschland gibt es eine besondere Art, einen Beruf zu lernen: die duale Berufsausbildung. Die Auszubildenden lernen in einer Berufsschule die Theorie und arbeiten parallel in einer Firma.

Hier sind vier Gründe, warum wir eine duale Ausbildung empfehlen würden.

Die duale Ausbildung macht Spaß, weil es vielfältig ist. Man sitzt nicht jeden Tag in einem Klassenzimmer in der Berufsschule, um die Theorie zu lernen. Man lernt auch in einem Unternehmen die Praxis kennen.

Es gibt viele freie Ausbildungsplätze in Deutschland. Viele Branchen suchen Auszubildende.

Man bekommt ein Einkommen. Die Unternehmen bezahlen für Ihre Arbeit.

Eine Ausbildung kann Ihre Eintrittskarte in den deutschen Arbeitsmarkt sein. Zwei Drittel aller Auszubildenden werden von ihren Unternehmen übernommen.

Foreign languages - Fremdsprachen

ACTIVITY: LISTENING: REASONS FOR LEARNING ANOTHER LANGUAGE

1 Es ist einfacher, neue Leute im Urlaub kennenzulernen.

2 Es erweitert den Horizont.

3 Man entwickelt das Gedächtnis.

4 Man ist toleranter.

5 Man lernt viel über eine andere Kultur.

6 Wenn man mehrsprachig ist, kann man bis zu 20 Prozent mehr Geld verdienen.

7 Es ist nötig für den Tourismus in Schottland.

8 Man kann für eine internationale Firma arbeiten.

9 Fremdsprachen bringen die eigene Muttersprache näher.

10 Man kann im Ausland arbeiten.

ACTIVITY: LISTENING: SAMUEL IST ZWEISPRACHIG

Samuel hat zwei Muttersprachen. Seine Mutter kommt aus Deutschland, sein Vater aus England. Samuel spricht deswegen Deutsch und Englisch fließend, seit er klein ist. Wie das so ist mit zwei Sprachen zu leben? Wir haben Samuel ein paar Fragen gestellt.

Welche Sprache sprichst du besser – Deutsch oder Englisch?

Samuel: „Ich spreche besser Deutsch. Ich merke, wenn ich in England bin, dass mir Englisch schwerer fällt als Deutsch. Ich habe ja immer Deutsch um mich herum, normalerweise kriege ich nur von meinem Vater Englisch zu hören."

Mit wem sprichst du denn Deutsch und mit wem Englisch?

Samuel: „In Deutschland spreche ich mit allen Deutsch und wenn ich bei meiner Familie in England bin, rede ich meistens Englisch. Mein Vater spricht fast immer Englisch mit mir, aber ich antworte auf Deutsch. Der kennt das gar nicht anders. Bis ich drei war, habe ich, glaube ich, auf Englisch geantwortet, aber seitdem nur noch Deutsch. Nur wenn meine Freunde da sind, dann redet mein Vater automatisch Deutsch mit mir, damit die das auch alles verstehen."

Träumst du denn auf Deutsch oder Englisch?

Samuel: „Ich glaube in Deutsch. Ich denke auch in Deutsch. Nur wenn ich etwas länger in England bin, dann denke ich in Englisch."

Im Englisch-Unterricht hast du doch sicher Vorteile, oder?

Samuel: „Ja, ein bisschen schon. Meine Lehrerin weiß auch, dass ich Englisch kann und berücksichtigt das auch ein bisschen. Zum Beispiel nimmt sie erst andere Kinder dran, wenn ich mich melde und andere Kinder sich auch melden."

Hast du denn gute Noten in Englisch?

Samuel: „Ja, schon. Meistens Einsen und Zweien. In Deutsch eher so Dreien."

Ist der Unterricht langweilig für dich?

Samuel: „Früher in der Grundschule, als die anderen mit Englisch angefangen haben, war es ein bisschen langweilig. Aber jetzt lerne ich auch ein bisschen was im Unterricht."

EMPLOYABILITY

Professions – Berufe

ACTIVITY LISTENING: WHAT KIND OF WORK ARE YOU LOOKING FOR?

1 Ich möchte mit Tieren arbeiten.

2 Ich möchte meine Fremdsprachen benutzen.

3 Ich möchte draußen arbeiten.

4 Ich möchte mit Kindern arbeiten.

5 Ich möchte Kontakt zu Menschen haben.

6 Ich möchte etwas Praktisches machen.

7 Ich möchte einen Beruf, der gut bezahlt ist.

8 Ich möchte viel reisen.

9 Ich möchte einen Beruf, der abwechslungsreich ist.

10 Ich möchte meine Computerkenntnisse benutzen.

11 Ich möchte selbständig sein.

ACTIVITY LISTENING: EIN INTERESSANTER BERUF

Ich heiße Dorothea Klink und ich bin vierzig Jahre alt. Ich habe einen interessanten Beruf. Ich arbeite in einer Hütte in den Schweizer Alpen. In meiner Hütte in den Bergen empfange ich Wanderer, Bergsteiger und Skifahrer aus der ganzen Welt. Ich bin gelernte Hotelfachfrau und ich habe jahrelang als Ski- und Snowboardlehrerin gearbeitet. Ich habe zunächst auf einer anderen Hütte ausgeholfen. Seit zwei Jahren leite ich die Hütte.

Mein Beruf gefällt mir sehr. Ich liebe den Kontakt zu Menschen und ich interessiere mich für andere Kulturen. Ich helfe gern Menschen und ich muss meinen Gästen sagen, wo sie am besten Ski fahren können und welche Stellen gefährlich sind.

Es gibt eigenelich Nachteile. Weil der Schnee früh am Morgen am besten ist, wollen die meisten Gäste früh losgehen. Ich muss noch früher aufstehen. Um drei Uhr klingelt mein Wecker. Dann mache ich mit meinen Helfern Frühstück. Nachher muss ich die Hütte aufräumen und putzen – von oben bis unten.

Ich kümmere mich um den Einkauf. Im Sommer können wir die Lebensmittel mit dem Auto bis zur Hütte fahren. Im Winter bei Schnee und Eis tragen wir frische Produkte wie Gemüse oder Früchte in Rucksäcken nach oben oder lassen sie mit dem Hubschrauber hochfliegen.

Für diesen Beruf muss man gastfreundlich und hilfsbereit sein, aber auch flexibel. Hier ist nicht alles planbar.

Job interviews – das Vorstellungsgespräch

ACTIVITY LISTENING: INTERVIEW QUESTIONS

1 Warum sind Sie der richtige Kandidat für den Job?

2 Welche relevanten Kenntnisse und Fähigkeiten haben Sie im Studium und Praktika bereits erlangt?

3 Warum haben Sie sich für diese Stelle beworben?

4 Welche Eigenschaften sind für die Position Ihrer Meinung nach besonders wichtig?

5 Was sind Ihre Stärken und Schwächen?

6 Wo möchten Sie in zehn Jahren sein?

7 Was wissen Sie über unser Unternehmen?

8 Was ist Ihr größter Erfolg, den Sie außerhalb Ihres Berufs erreicht haben?

9 Worauf sind Sie besonders stolz?

10 Was war das letzte Projekt, an dem Sie gearbeitet haben und was war das Ergebnis?

Part-time jobs – Nebenjobs

ACTIVITY LISTENING: PART-TIME JOBS

1 Man lernt Teamgeist.

2 Ich möchte mein eigenes Geld verdienen.

3 Ich habe zu viele Hausaufgaben.

4 Ich möchte Arbeitserfahrungen sammeln.

5 Ich habe keine Zeit für meine Freunde. Ich arbeite ständig.

6 Man kann neue Leute kennen lernen.

7 Man wird selbstständiger.

8 Ich bin noch zu jung.

9 Ich muss für die Prüfungen lernen.

10 Ich möchte einen tollen Lebenslauf haben.

11 Man entwickelt Selbstvertrauen.

12 Ich bin oft müde in der Schule.

13 Man lernt etwas über die Arbeitswelt.

14 Ich kann Geld für meinen Urlaub sparen.

contd

ACTIVITY: LISTENING: EIN UNGEWÖHNLICHER STUDENTENJOB

Mia hat einen ungewöhnlichen Studentenjob. In den Bussen und Straßenbahnen der Stadt Hamburg kontrolliert sie die Fahrkarten der Fahrgäste. Zehn Euro gibt es in diesem Job pro Stunde, und etwas mehr für Nacht- und Wochenend-Arbeit. Sie bekommt auch Urlaubsgeld und Weihnachtsgeld, was den Job natürlich attraktiv macht. Mia arbeitet 20 Stunden pro Woche und verdient so genug Geld, um ihr Studium zu finanzieren. Sie steigt in Busse oder Bahnen ein und bittet jeden Fahrgast, ihr die Fahrkarte zu zeigen. Jeder Fahrgast, der schwarz fährt, muss 40 Euro Strafe zahlen. Manchmal wollen die Schwarzfahrer das Geld nicht bezahlen und auch ihren Namen und ihre Adresse nicht angeben. Dann ruft die Studentin die Polizei und wartet mit dem Schwarzfahrer an der Haltestelle, bis die Polizisten kommen.

Equality – Gleichheit

ACTIVITY: LISTENING: MÄDCHEN ARBEITEN MEHR UND VERDIENEN WENIGER

Weltweit arbeiten Mädchen mehr als Jungen. Auch wenn sie zur Schule gehen dürfen, müssen bereits kleine Mädchen die Hausarbeit machen, die Geschwister betreuen und auf dem Feld arbeiten, während die Eltern außer Haus arbeiten. Viele Mädchen müssen mit sieben oder acht Jahren in fremden Haushalten arbeiten. Aber die Arbeitsbelastung für Mädchen ist größer. In Nepal arbeiten Mädchen zwischen 10 und 14 Jahren im Durchschnitt über sechs Stunden täglich, die Jungen dagegen nur drei Stunden. Mädchen erhalten weniger Geld als Jungen, ebenso wie sie später als Frauen weniger Geld bekommen als Männer. Das ist selbst in Deutschland oft so. Dabei leisten Frauen mehr als die Hälfte aller Arbeitsstunden. Durchschnittlich arbeiten Frauen 13 Stunden mehr pro Woche als Männer, vor allem in Afrika und Asien. Aber auch in Europa und in den USA arbeiten Frauen täglich eine Stunde länger als Männer.

ACTIVITY: LISTENING: GIRLS' DAY

Am Girls' Day öffnen Unternehmen und Hochschulen in ganz Deutschland ihre Türen für Schülerinnen ab der 5. Klasse. Die Mädchen lernen dort Berufe in Informatik, Naturwissenschaften und Technik kennen, in denen Frauen bisher eher selten vertreten sind. Sie begegnen auch weiblichen Vorbildern in Führungspositionen aus Wirtschaft und Politik. Der Girls' Day – Mädchenzukunftstag ist das größte Berufsorientierungsprojekt für Schülerinnen weltweit. Seit dem Start der Aktion im Jahr 2001 haben etwa 1,7 Millionen Mädchen teilgenommen.

Junge Frauen in Deutschland verfügen über eine besonders gute Schulbildung. Trotzdem wählt mehr als die Hälfte der Mädchen aus nur zehn verschiedenen Ausbildungsberufen im dualen System – kein einziger naturwissenschaftlich-technischer ist darunter.

Am Girls' Day erleben die Teilnehmerinnen in Laboren, Büros und Werkstätten, wie spannend die Arbeit dort ist. In Workshops gewinnen die Mädchen Einblicke in den Alltag der Betriebe und erproben ihre Fähigkeiten praktisch. Sie erhalten direkte Antworten auf ihre Fragen und können erste Kontakte knüpfen.

Viele junge Frauen haben durch den Girls' Day eine Ausbildung oder einen Studiengang in ihrem Traumberuf gefunden. Und: Evaluationsergebnisse bestätigen, dass der Girls' Day positiven Einfluss auf das Image von technischen Berufen bei den Teilnehmerinnen hat.

contd

Work experience - Arbeitspraktikum

⚙ ACTIVITY LISTENING: EMMA'S FIRST DAY AT WORK

Letzte Woche hatte ich ein Interview im Friseursalon in der Stadtmitte. Ich war echt nervös und das Interview war furchtbar, weil die Fragen sehr schwierig waren! Aber am Freitag hat die Chefin mich angerufen und mir den Job angeboten! Ich arbeite samstags von halb neun bis zwei Uhr und verdiene zehn Euro pro Stunde. Ich spare auf ein Handy und das kostet hundert Euro, also brauche ich das Geld.

Heute war mein erster Tag bei der Arbeit, aber es war eine große Katastrophe. Ich bin pünktlich um halb acht aufgestanden, aber dann habe ich ein bisschen zu lang ferngesehen, also bin ich erst um zehn vor neun in den Salon gekommen. Ich trug eine rote Hose und ein weißes T-shirt und Sandalen, aber die Chefin hat mir eine schreckliche Uniform gegeben: einen langen schwarzen Rock, eine weiße Bluse und dicke Schuhe. Zuerst war ich in der Küche und ich habe Kaffee und Tee gekocht. Leider hatte ich aber einen kleinen Unfall und ich habe eine Tasse Tee über eine alte Dame verschüttet. Dann habe ich Mia beim Haarewaschen geholfen. Ich bin sehr hilfsbereit, aber ich bin nicht sehr geduldig. Ich habe die Haare zu schnell gewaschen. Die Frau war nicht zufrieden und sie war total nass am Ende.

Als Nächstes habe ich den Salon aufgeräumt. Ich bin sehr ordentlich und nachher sah er sehr gut aus. Die Chefin war nicht sehr froh darüber. Ich habe die frischen Handtücher in die Waschmaschine getan, also gab es keine Handtücher für die Kunden. Um zwei Uhr bin ich nach Hause gekommen. Ich war total kaputt, aber ich freue mich schon auf nächsten Samstag. Der Job im Friseursalon gefällt mir gut. Die Arbeit ist abwechslungsreich. Ich verstehe mich gut mit meinen Kollegen. Sie sind alle so in meinem Alter. Wir reden über Fernsehen, Mode und natürlich Jungen. Nur die Chefin ist ein bisschen gemein. Sie ist gar nicht verständnisvoll. Man darf doch Fehler machen, oder?

CULTURE

Working abroad - Im Ausland arbeiten

 LISTENING: A GAP YEAR

1 Man lernt ein neues Land und eine neue Kultur kennen.

2 Man lernt, sein Geld einzuteilen.

3 Man kann Fremdsprachen lernen.

4 Es erweitert seinen Horizont.

5 Man kann neue Freunde und wichtige Kontakte machen.

6 Man wird toleranter und aufgeschlossener.

7 Man wird selbstständiger.

8 Es ist ein Plus im Lebenslauf.

9 Man entwickelt sein Selbstvertrauen.

10 Man wird reifer und erwachsener.

11 Man kann Berufserfahrungen sammeln.

12 Man lernt neue Fähigkeiten.

Holidays - Die Ferien

 LISTENING: WHY GO ON HOLIDAY?

1 Ich kann ein neues Land entdecken.

2 Ich kann eine andere Lebensweise kennenlernen.

3 Ich kann meine Fremdsprachen verbessern.

4 Ich kann neue Freundschaften schließen.

5 Ich kann Leute aus aller Welt kennenlernen.

6 Ich kann meine Sorgen vergessen.

7 Ich kann dem schlechten Wetter entfliehen.

8 Man wird toleranter und aufgeschlossener.

9 Man kann den Alltag vergessen.

10 Man kann sich entspannen.

11 Man kann die Spezialitäten der Gegend probieren.

12 Man kann die schöne Landschaft geniessen.

contd

Tolerance – Toleranz

ACTIVITY: LISTENING: WIE VIELFÄLTIG IST DIE DEUTSCHE GESELLSCHAFT HEUTE?

Wie vielfältig ist die deutsche Gesellschaft heute?

Deutschland ist ein Einwanderungsland. Von den 80,9 Millionen Einwohnern in Deutschland haben etwa 15 Millionen Personen einen Migrationshintergrund; von ihnen besitzen etwa 8 Millionen die deutsche Staatsbürgerschaft.

Mit knapp 2,5 Millionen stellen die Türkischstämmigen die größte Migrantengruppe in Deutschland dar. Von ihnen sind 48 Prozent selbst zugewandert. 1,6 Millionen Personen kommen aus Polen, 1,2 Millionen aus dem früheren Jugoslawien. Rund 760.000 Menschen gehören zu den meist als Gastarbeiter eingewanderten Italienern.

Traditions – Gebräuche

ACTIVITY: LISTENING: OPERNBALL

Der Wiener Opernball ist der populärste Ball in Europa. Er existiert seit 150 Jahren und ist das größte Kultur-Event in Österreich. Die Choreographie auf dem Wiener Opernball tanzen – das ist der Traum von Mädchen und Jungen aus der ganzen Welt! 80 Paare dürfen auf dem legendären Ball tanzen. Die Selektions-Kriterien? Die Tänzer müssen über 17 und unter 24 Jahre alt sein und sie müssen perfekt Walzer tanzen. Und die Kriterien für das Ball-Outfit? Die Mädchen müssen ein schneeweißes Ballkleid, weiße Schuhe und weiße, lange Handschuhe tragen. Sie dürfen keine Piercings oder Tatoos haben. Die Jungen müssen einen schwarzen Frack, schwarze Schuhe und weiße Handschuhe tragen. Sie dürfen keine langen Haare haben. Die Show ist fünf Minuten lang und die jungen Paare müssen die Choreographie perfekt tanzen.

Literature and film – Literatur und Film

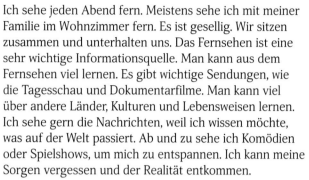

LISTENING: READING AND WATCHING TV

Ich sehe jeden Abend fern. Meistens sehe ich mit meiner Familie im Wohnzimmer fern. Es ist gesellig. Wir sitzen zusammen und unterhalten uns. Das Fernsehen ist eine sehr wichtige Informationsquelle. Man kann aus dem Fernsehen viel lernen. Es gibt wichtige Sendungen, wie die Tagesschau und Dokumentarfilme. Man kann viel über andere Länder, Kulturen und Lebensweisen lernen. Ich sehe gern die Nachrichten, weil ich wissen möchte, was auf der Welt passiert. Ab und zu sehe ich Komödien oder Spielshows, um mich zu entspannen. Ich kann meine Sorgen vergessen und der Realität entkommen.

Ich lese nicht oft die Zeitung. Ich finde die Zeitung zu deprimierend. Ich will nicht über Gewalt und Krieg lesen. Ich muss zugeben, dass ich die Bücher von Rosamund Pilcher liebe. Die Frau ist Schottin, aber sie schreibt über Cornwall in Südengland. Das Hauptthema ist immer Liebe und es gibt immer ein Happy End. Es ist vielleicht nicht realistisch aber es ist doch schön, etwas Positives zu lesen. Ich lese die Bücher auf Englisch und kann sie gut verstehen. Was ich am besten mag ist, wie sie die Landschaft von Südengland beschreibt; das Meer, die Klippen, der Strand und die Häuser mit Strohdach – so idyllisch. Ich würde die Bücher sehr empfehlen.

INDEX